Introduction to
Economics of
Consumption

消費経済学入門

樋口一清 著

サステイナブルな社会への選択

中央経済社

会の変化の潮流の中では，消費者をスタートとして，もう一度，市場や企業について捉え直していくことが重要であると考えている。そうした観点から，本書では，新しい消費経済学のあり方をデッサンしてみた。

　本書は，経済学の入門書であるが，執筆に際しては，幅広い読者層を念頭に置いて，経済学の専門的知識を前提としなくとも読み進められるように心がけた。経済学を専攻する学生だけでなく，消費者問題や消費者政策，経済学に関心を持つ多くの方々に，一読いただければ幸いである。

　筆者は20年近く，教員として，大学，大学院でミクロ経済学や消費経済学を担当しているが，大学教育の枠を超えた新しい消費経済学を構想できればと考えて来た。社会科学は，本来実践的なもののはずである。消費者問題に関わって痛感するのは，通り一遍な経済学の見方に対する憤りや無力感である。本書を通じてそうした状況が少しでも改善され，本書が実践活動の一助となればと願っている。

　なお，本書に先立って，拙稿「消費社会のパラダイムシフトと消費経済学の課題」（イノベーション・マネジメント研究12号，2016）や，拙著『サステイナブル地域論』（中央経済社，2015）において，新しい消費経済学の基礎となる考え方を提示しているので，関心のある方はご参照頂きたい。

　本書の刊行に際しては，中央経済社取締役常務の杉原茂樹氏，担当の阪井あゆみ氏に大変お世話になった。杉原常務に執筆を勧めて頂いてから，筆が進まぬままに数年が経過した。辛抱強く原稿を待っていただいたことに改めて厚く御礼申し上げたい。また，大学院の同僚や，博士，修士のゼミ生，消費者委員会の皆様からも貴重なアドバイスや示唆を頂いた。紙上を借りて御礼申し上げたい。私事ながら，本書執筆を支えるだけでなく，内容についても適切なアドバイスをしてくれた妻満江にも感謝したい。

　2019年4月

　　　　　　　　　　　　　　　　　　　　　　　樋口　一清

はじめに

　ネット社会の出現，超高齢社会の到来，グローバルな経済の拡大など，現代経済社会は大きな変化の潮流に直面している。とりわけ，GAFA（Google, Apple, Facebook, Amazon）などのプラットフォーマーの出現は，企業と消費者の関係や，その土台となる市場経済システムそのものを大きく変え始めている。こうした変化の下では，規制緩和，市場機能の活用などをベースにした伝統的な経済学の発想には限界があると言わざるを得ない。とりわけ，サステイナビリティ（持続可能性）は，現代経済社会にとって不可欠な要素となっているにもかかわらず，その定義さえ曖昧なままである。

　本書は，こうした状況変化をふまえ，時代に即応した実践的な経済学のあり方を模索しようと試みたものである。筆者は，当面する諸課題を解くカギの1つは「消費者の視点」であると考えている。これまでの経済学の発想は，経済のパイの拡大，すなわち，成長やこれを支える生産システム，企業活動を重視するものであった。パイの拡大は，経済繁栄の元ではあるが，パイの分配とは別の問題である。消費者は，市場において受け身の存在であるべきではない。消費者が市場の主役と言われるのは，消費者の適切な選択こそが，市場経済システムにおいて成長の歪みを正し，公正な分配を実現する可能性を秘めているからである。もちろん，消費者が選択を誤れば，サステイナビリティの実現が遠のいてしまうことは言うまでもない。

　ただ，生身の，等身大の消費者は，経済学が想定するように合理性に基づいて自己利益を追求する主体ではない。豊かな感情をもち，その行動は，しばしば合理性では捉え切れない存在である。そして，消費者は決して経済モデルで想定されるような孤立した個人ではない。筆者は，現代経済社

はじめに／i

序 章　怒りの葡萄 ……………………………………1

1　豊作貧乏——市場経済システムの限界 ————————3
2　情報の非対称性——市場における情報の役割 ————5
3　限定合理性——等身大の消費者像 ————————————7
4　経済学が問われているもの ————————————————8
5　消費者の視点 ——————————————————————————9

第1章　市場経済システムの論理と倫理 ……………13

1　アダム・スミスと自己利益の追求 ———————————15
2　合理的な愚か者——アマルティア・センの主流経済学批判—17
3　共感のルーツ ————————————————————————19
4　共感とコミットメント —————————————————20
5　利己心の経済から利他心の経済へ ———————————22

第2章　サステイナビリティの視点 ………………27

1　サステイナビリティとは—————————————————29
　1.1　サステイナビリティの定義をめぐって／29
　1.2　ハート教授の3つの経済論／30

1.3　市場経済の問題点／30

1.4　電子ゴミの事例／32

1.5　SDGs との関係／34

2　サステイナビリティと 3 つのサブ経済システム ── 36

2.1　われわれの身の回りの 3 つの経済の事例／36

2.2　サブシステムとしての 3 つの経済／39

2.3　対立と共生──サブシステムの調整プロセス／40

2.4　経済の成長と循環／41

2.5　サステイナビリティと価値判断／42

第3章　消費経済学の課題と方法 ⋯⋯⋯⋯⋯⋯45

1　消費経済学の課題 ─────────────47

1.1　消費者主権の確立／47

1.2　消費者問題とこれまでの消費経済学の役割／48

1.3　現代消費社会の構造変化と新たな課題／50

1.4　消費経済学の役割の変化／57

2　消費経済学の新たな展開 ──────────60

2.1　消費経済学の基本概念／60

2.2　情報の非対称性／61

2.3　限定合理性／65

2.4　サステイナビリティ／66

第4章　企業の役割 ⋯⋯⋯⋯⋯⋯⋯⋯⋯⋯71

1　企業システムと取引コスト ──────────73

目　次　III

- 1.1　限定合理性，不完全情報と取引コスト理論／73
- 1.2　摩擦のない世界／75
- 1.3　コースの定理と法規制の意義／76
- 1.4　市場におけるルール（法規制）と効率性，衡平／78

2　企業の社会的責任—————————————————80

- 2.1　企業の目的は利益を上げることだろうか？／80
- 2.2　経済的価値と社会的価値／82

3　ソフトローの役割—————————————————86

- 3.1　市場のルールとしてのソフトロー／86
- 3.2　自律的秩序のインセンティブ構造／88
- 3.3　ソフトローとサステイナビリティ／89
- 3.4　ソフトローの実効性／93
- 3.5　サプライチェーンとソフトロー／94
- 3.6　ソフトローと取引コスト論／95

4　企業システム革新への動き—————————————98

- 4.1　新たな企業モデルとしての社会的企業／98
- 4.2　海外の社会的企業制度の動向／99
- 4.3　わが国自治体の CSR 認証への取組み／102

第5章　消費者の心理と行動 ……………………107

1　消費者の選択と行動経済学—————————————109

- 1.1　サンクコストの呪縛／109
- 1.2　消費者の選択と感情や直感／110
- 1.3　消費者の選択とリスク／114
- 1.4　消費者の選択と時間／118

IV

2 限定合理性と消費者トラブルへの対応 —————— 119

  2.1 消費者は，何故，騙されてしまうのか／119

  2.2 トラブルにどう対処すべきなのか／121

3 現代消費者の課題と消費経済学の視点 —————— 122

  3.1 消費者の脆弱性／122

  3.2 ネット社会と新たな"消費者"の出現／129

  3.3 企業と消費者の「価値共創」／132

第6章 市場の機能と消費者政策 ·············· 141

1 市場の機能 —————————— 143

  1.1 市場の質／143

  1.2 市場機能の限界／144

  1.3 規範的市場メカニズムの重要性／145

2 市場のルール —————————— 148

  2.1 市場のルールの体系／148

  2.2 市場を支える制度／151

  2.3 消費者問題と市場のルール・制度の変遷／156

3 新たな消費者政策への展望 —————— 166

  3.1 消費者政策と消費経済学の視点／166

  3.2 リバタリアン・パターナリズムとその限界／169

4 プラトンの警鐘 —————————— 172

  4.1 消費者の選択と"民意"／172

  4.2 学習と連携・協働／173

  4.3 消費者市民社会をめぐって／174

目　次　v

おわりに　"人間の顔をした市場経済"への道／177

索　引—————————————————————179

Introduction to Economics of Consumption

序　章

怒りの葡萄

1 | 豊作貧乏——市場経済システムの限界

　ノーベル文学賞を受賞したスタインベックの代表作に，「怒りの葡萄」という作品がある。

　小説の舞台は，1930年代，大恐慌の頃のアメリカである。オクラホマの貧しい農民一家が，吹き荒れる砂嵐（ダストボウル）と地主による強引な土地集約・耕作の機械化の動きの中で，長年親しんだ小作地を追われることとなり，オレンジやブドウなどの果物の収穫作業に関する1枚の求人ビラを頼りに，仕事を求めてカリフォルニアに移住しようとする話である。旅の途中で，祖父母は亡くなり，ようやくたどり着いたカリフォルニアでは，多くの移住者が限られた農作業に殺到し，劣悪な労働環境，低賃金に直面せざるを得ない状況が農民の家族の目を通して克明に描かれている。

　この小説の中に，収穫したオレンジを，トラックで運び出しガソリンを撒いて焼き払うシーンがあり，印象的である。オレンジだけでなく，ジャガイモやトウモロコシ，時には豚肉でさえも，消費者に届けられることなく廃棄されるのである。多くの人々が飢え，オレンジや豚肉を必要としているのに，農場主は，なぜ，自らの収穫物に火を放つのだろうかとの疑問を感じざるを得ない。

　このエピソードは，経済学の教科書にある「豊作貧乏」の一例であると考えられる。価格弾力性が低い商品については，豊作による価格の下落により生産者の手取りが減ってしまい生産費さえ回収できないので，市場への供給量を制限せざるを得ない。特に，一次産品の多くは，生産調整により対応することが困難なため，たとえ，1年間，丹精込めて育てた野菜や果物であっても，廃棄しなければ，価格が暴落し生産費さえ回収できない

状況に陥ってしまうというものである（詳しくは，11ページの「（参考）豊作貧乏とは」の項参照）。その意味では，野菜や果物の廃棄は，市場経済システムの下では，農家が赤字を出さないためのやむを得ない選択肢だったとも言えよう。

　豊作貧乏は，決して過去の出来事ではない。たとえば，2015年12月，兵庫県の農家で，暖冬，多雨による豊作により特産の大根の価格が値崩れし，カット野菜などの活用にも限界があるため，採算割れを避けるため，やむなく一部自主廃棄したことがネットニュースなどで報じられた[1]。また，筆者自身，少年時代以来，畑で収穫されないままに白菜などが腐っていく情景を何度となく目撃したことを思い起こす。

　しかし，たとえ市場経済の冷徹な論理があるとしても，なぜ，実り豊かで新鮮な野菜や果物を廃棄せざるを得ないのか納得がいかないという感情を持たれる読者も多いかもしれない。他方に飢えた人々がいて，食物が廃棄されているのなら，なおさらである。今日，先進各国では，食品ロス（フードロス）が大きな社会問題となっている。農林水産省・環境省は，売れ残りや期限を超えた食品，食べ残しなどの食品ロスは，日本全体では，約646万トン（2015年度）に達すると推計している。この量は，国連世界食糧計画（WFP）の食料援助量（2017年，約380万トン）の約1.7倍に相当する。こうした状況の下で，フードバンクのような取組みも始まっているが，問題の根本的な解決には至っていない。

　今日の世界の基本的な価値観の1つである「サステイナビリティ（持続可能性）」という観点からみると，資源を浪費し，貧富の差を拡大する市場経済システムには限界があると言わざるを得ない。飢えた農民の目の前で，オレンジが焼き払われるという「怒りの葡萄」の鮮烈な情景は，市場

1　神戸新聞NEXT2015年12月7日付。

経済システムの論理に浮かされた人間社会の愚かさを象徴する出来事であるとも言えよう。

2 情報の非対称性——市場における情報の役割

　怒りの葡萄を読んでいて，もう1つ，強く心に残ったことがある。それは，農民の一家がオクラホマの土地を諦めて，職探しの旅に出ることとなったきっかけが，カリフォルニアの農園で果物の収穫の手伝いを募集しているという1枚の求人ビラであったことである。もちろん，一家は，このビラだけでなく，地元の新聞や口コミなど，さまざまな媒体の情報を検討したようである。しかし，わざわざ求人ビラに手間とお金をかけている以上，おそらくカリフォルニアの農園には，条件の良い仕事がたくさんあるはずだとの母親の判断で，一家は家財道具を売り払い，1台の中古トラックに乗って苦難の旅に出てしまうのである。こうした決断の背景には，大恐慌前後のオクラホマの小作農の，出口のない厳しい経済環境があったことは疑いない。これは，虚偽広告や宣伝を信じてしまう現代の消費者の心理状況にも通ずるものがある。

　ただ，この問題の本質は，情報を持つ側（求人側）と情報を持たない側（求職者）の「情報の非対称性」にあると考えられる。ビラの真偽を，簡単に判断する手段があれば，一家はおそらくは無謀な旅に出なかったはずである。情報の信頼性を直接確かめる方法がほとんどなく，しかも，ビラの内容が一家の希望に沿うものだったので，沸き起こる疑念を振り払ってでも，ビラを信じ込もうと自らを駆り立てざるを得なかったのである。

　この物語では，情報の非対称性を巧みに利用したカリフォルニアの農園主側の手口も明かされている。農園主達は，経済的に困窮しているオクラ

ホマなど他州の小作農民を，好条件を謳った求人ビラを使って次々と誘い込んだのである。カリフォルニアに集まった農民の多くは，小作地を追われ家財道具を売り払ってやってきた人々である。彼らは，ビラの情報がもはや真実でないことを悟っても，後戻りすることは不可能だった。その結果，カリフォルニアでは，構造的な農業労働者の供給過剰状態が作り出され，競争制限的な労働市場の下で，低賃金や劣悪な労働条件が維持されることとなったのである。

　ネット社会の到来は，こうした状況を一変させたように見える。現代社会では，新聞，TVなどのマスメディア，ネット情報，企業や公共機関等のホームページ，SNSなど多様な媒体を通じて情報の真偽を確かめることができるように思われる。ネット社会の中で，確かにわれわれが日常接することができる情報量は飛躍的に拡大した。しかし，情報の質の問題は別である。ネット社会の到来による利便性の向上により，ただちに，情報の非対称性，とりわけ，企業と消費者の間の情報の非対称性の問題が解消したとは速断できないと考えられる。たとえば，情報発信のコストが低下したことで，虚偽情報を氾濫させたり，意図的な情報操作を行ったりすることも容易に可能となってしまったのである。

　怒りの葡萄では，農民一家の母親の判断は，一応，理にかなっていた。ビラを大量に印刷して配るという情報発信のコストは相当大きなものであり，そうしたコストをかけても，それを上回る高い利益が見込めるからこそ，ビラが配られているはずだという推論である。もちろん，彼女は，農園主達が，情報を操ることで情報発信のコスト以上の利益を農業労働者から搾取できる社会構造を作り出したことまでは見抜くことができなかったのであるが…。

　しかし，ネット社会では，情報発信のコストという参入障壁さえ取り除かれてしまったのである。消費者は，氾濫する情報の中から，必要な情報

序章　怒りの葡萄　　7

を選別する能力を身につけなければならない。その意味では，情報を持たない側が情報の真偽を見分けることの難しさは，オクラホマの農民一家の場合と本質的な違いはないのかもしれない。労働法規が整備されている現代においても，「ブラック企業」の問題がたびたび指摘されるように，依然として，市場経済システムの下では，労働者が劣悪な労働環境の下に置かれる事例が後を絶たない。一旦，就職したら，企業システムの中で，否応なく厳しい労働条件やノルマを課されてしまうといった状況は，まさに，現代版「怒りの葡萄」と言っても良いかもしれない。

3 限定合理性──等身大の消費者像

　ところで，当初の判断ミスがあるとしても，旅の途中で忠告してくれた人がいたにもかかわらず，一家はなぜ引き返すことがなかっただろうか。これは，経済学が想定する合理的な「経済人」（ホモ・エコノミクス）ではなく，現実の人間の"限定合理的"な姿を象徴している出来事と言えるかもしれない。一家は，家財を売り払い，旅の途中で祖父を失うという耐え難い犠牲を払ってまで旅を続けてきた。文字通り，心にのしかかる重圧により，一家は薄々，問題に気が付きつつも，いまさら引き返すこともできず，自分を納得させ，旅を正当化せざるを得なかったのである。こうした状況は，行動経済学的に言えば，心の中に，すでに大きなサンクコスト（埋め込み費用）が発生しており，一家は，合理的な判断が困難であったと言い得るかもしれない。

　一家の行動を合理的でないといって非難することはたやすい。しかし，多かれ少なかれ，人間誰しも，周囲の状況や自身の感情などを拠り所にして行動していることも事実である。

消費者について考える際には，モデル上の想定に過ぎない「経済人」からスタートするのではなく，等身大の消費者像を基準としていかなければ，現実の消費者問題を正しく理解することは難しいと言えよう。

4 | 経済学が問われているもの

怒りの葡萄は，現代のわれわれにさまざまな教訓を与えてくれる作品である。たとえば，オクラホマの小作農が移住を余儀なくされた背景には，銀行，地主などの大資本による農業の機械化とそれに伴う土地の集約化の問題がある。また，当時のオクラホマで吹き荒れた砂嵐（ダストボウル）の原因の１つは，耕作地の野放図な拡大による樹木の喪失であったとも言われている。他方，カリフォルニアの農園主は，1929年の外国人労働者の入国規制を契機に，メキシコからの労働者に代えて，国内労働市場に低賃金労働者を求める必要に迫られていた。これらの問題は，米国経済を支えていた市場経済システムの下で，相互に関連しながら，深刻な社会問題を引き起こしていったのである。富の集中と格差の拡大，環境破壊，資源の浪費，その結果としての人々の生活の犠牲など，この物語の背後にある経済的事象は，市場経済システムの限界を示しており，これらの課題は，今日においても，依然として根本的な解決に至っていない。

こうした問題に対処するためには，経済学が，サステイナビリティ（持続可能性）を市場経済システムの内在的な課題として捉えていかなければならないと考えている。カリフォルニアの自然の恵みである新鮮なオレンジなどの果物や野菜が，飢えた人々に分け与えられることなく，価格の暴落を避けるため，ガソリンの炎に包まれることは，仮に市場の論理の観点から合理的な説明があったとしても，倫理的には耐え難い経済システムの

矛盾であると言わざるを得ない。自然の恵みである豊作を，生産者と消費者が，共に祝福することができないのである。その意味では，市場における企業と消費者の経済取引は，サステイナブル（持続可能）なものでなければならないことは明らかである。

　これまでも，確かに企業の社会的責任（CSR）や，消費者の倫理的消費（エシカル消費）などの取組みは行われてきた。サステイナブルな経済を実現するためには，こうした取組みを経済システムの内在的な課題として位置づけなければならない。企業の社会貢献や消費者のボランタリーな活動が市場経済システムの外側で積み重ねられただけでは，根本的な解決には繋がりにくい。

　では，フェアトレードやフードバンクが経済システムの中心的課題となるためには，何が必要なのだろうか。

5 │ 消費者の視点

　消費経済学は，消費や消費者問題に関する経済学，あるいは消費者の視点に立った経済学を指す言葉である。消費者の商品・サービスの選択は，市場経済システムの基本であるとされている。消費者の商品・サービスの選択行動が，企業の活動に適切に反映されるとすれば，サステイナブルな消費者の選択行動を通じて，市場経済システムに内在的に位置づけられたサステイナブルな経済への道筋が見えてくる。その意味では，消費者の視点から経済を考えることは極めて重要であると言えよう。しかし，現実には，これまで，利益追求を基本命題とする企業本位の経済システムが支配的であった。消費者は，市場経済システムにおいて，企業の広告・宣伝に翻弄される受身の存在として位置づけられがちであった。

こうした状況を改善することは困難なのだろうか。この問題を考える1つの手がかりは市場経済システムにおける情報の役割にあると思う。前述したように，オクラホマの農民一家の旅は，カリフォルニアの農園主の求人ビラを信じたことから始まったのである。農民一家が何らかの形で事前に確かな情報を入手していれば，悲劇は起こらなかったかもしれない。

消費者の置かれた立場も，情報を持たない側という意味では，この農民一家と同様である。

ネット社会の出現は，情報を持つ側と情報を持たない側，企業と消費者の間の情報の非対称性を大きく変化させている。消費者が自ら情報を収集し，発信する機会が拡大すれば，サステイナビリティを主体的に実現していく契機となるかもしれない。他方，悪意ある口コミや根拠のないうわさなど，ネットを通じたさまざまな情報の氾濫によって，消費者が主体性を見失い，情報に隷属させられてしまうことも懸念される。その意味では，現代におけるネット社会の新たな潮流は，消費者にとっては，諸刃の剣であると言えよう。

ネット社会の中で，消費者は常に情報の奔流の中にある。だが，経済学の想定とは異なり，消費者は，たとえ，確かな情報に接していても，AIのように常に合理的な判断が行えるとは限らないことにも留意しなければならない。しばしば，感情と理性の狭間で商品やサービスの選択が行われるという現実に目を向けなければならない。生身の，等身大の消費者自身を出発点とすること，これが問題を考えるもう1つの手がかりであると考える。

市場経済システムを中心とした経済社会は，人びとの心の中に生まれた「怒りの葡萄」にどうすれば対処できるのだろうか。サステイナビリティ実現への道筋をどう描いていけば良いのだろうか。こうした課題を現代の消費者の視点から考えること，これが新しい消費経済学の基本的な問題意識である。

序章　怒りの葡萄　　11

参考

豊作貧乏とは

1　豊作貧乏は，需要の価格弾力性が1より小さいケースで生じる。需要の価格弾力性とは，需要量の変化率を価格の変化率で割った値（価格が1%変化した場合に，需要量が何%変化するかを表す数値）を指す（需要の価格弾力性は，－符号を付け，正の値で表わす）。

$$e._d. = -\frac{需要量の変化率}{価格の変化率} = -\frac{\frac{\Delta X}{X1}}{\frac{\Delta P}{P1}}$$

2　次頁の図で，リンゴの平年の供給曲線S1（毎年のリンゴの生産量は一定であり，短期的な供給曲線は垂直に近い）と需要曲線との交点をAとすると，農家の収入（＝価格×販売個数）は，4,000万円（＝400円×10万個）となる。リンゴが豊作の年は，供給曲線がS2にシフトし，需要曲線との交点がBとなるため，農家の収入は1,500万円（＝100円×15万個）に減少してしまう。豊作による5万個の増産が，農家に2,500万円の収入減をもたらすのである。これは，野菜や果物は，短期的には，供給量が一定であり，他方，需要は，豊作であっても大幅に増えることがないため（需要が非弾力的なため）である。このケースでのリンゴの需要の価格弾力性は，以下の通りとなる。

価格の変化率：$-\frac{300円}{400円} = -\frac{3}{4}$

需要量の変化率：$\frac{5万個}{10万個} = \frac{1}{2}$

弾力性：$-\left(\frac{1}{2}\right) \div \left(-\frac{3}{4}\right) = \frac{2}{3}$

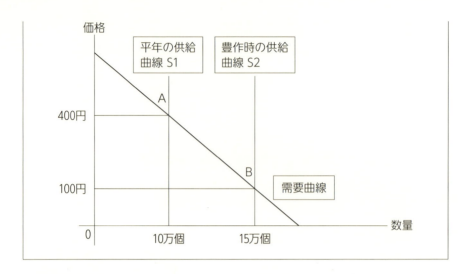

◆ 参考文献
西村和雄（2011）『ミクロ経済学（第3版）』30-31頁。

Introduction to Economics of Consumption

第1章

市場経済システムの論理と倫理

- 序章では，サステイナブルな経済を実現するためには，消費者の視点に立った経済学としての「消費経済学」が重要であることを指摘した。現代の経済社会を生きるわれわれは，ビジネスや生活のさまざまな局面で，否応なく市場経済システムと付き合わざるを得ない。その意味では，市場経済システムの機能やその問題点を正しく認識し，いかにシステムをコントロールしていけるのかが課題となると考えられる。
- 本章では，まず，経済学の基本的な前提である「経済人（ホモ・エコノミクス）」とは相容れないと見られている「倫理」や「社会目的」が経済学においてどう扱われているのかをたどりながら，市場経済システムの限界を明らかにしたい。

第1章　市場経済システムの論理と倫理　　15

1 │ アダム・スミスと自己利益の追求

　経済学の父と呼ばれるアダム・スミスは，『国富論』（1776）の中で，利己心に基づく各個人の自己利益の追求が，（見えざる手により）社会全体に利益をもたらすとしている。

　"われわれが食事ができるのは，肉屋や酒屋やパン屋の主人が，博愛心を発揮するからではなく，自分の利益を追求するからである[1]"

　国富論のこの有名な一節は，経済学の基本的な考え方を示すものとして，後世の経済学者によりしばしば引用されているくだりである。

　他方，グラスゴー大学の道徳哲学教授であったスミスは，『道徳感情論』（1759）においては，他者への共感（sympathy）[2]と，それにより自己の胸中に形成される公平な観察者の視点に基づいた道徳観を提唱している。スミスは，個人の「自己利益の追求」と「共感」という，一見，相矛盾する概念を，国富論と道徳感情論という2つの著作で別々に論じているように見える。

　ただ，スミスは，道徳感情論の中で，『蜂の寓話[3]』という風刺詩により「私悪こそが公益を生む」と主張したバーナード・マンデヴィルを厳しく批判している。スミスと同時代の精神科医であり，思想家であったマンデヴィルは，悪徳を含めた社会の喧騒，無秩序，雑然とした有り様こそ，全体としての利益につながることを蜂の巣のたとえにより説いたのである。その意味では，マンデヴィルの蜂の寓話は，善悪や倫理の問題を別にすれ

1　アダム・スミス（1776）『国富論』訳書17頁。
2　「同感」と訳す者もあるが，本書では「共感」の訳を用いる。
3　Bernard de Mandeville（1714）, *The Fables of the Bees: or, Private Vices, Public Benefits.*

ば，スミス同様，各個人の自己利益の追求が社会全体の利益につながるという考え方を基本としていたことは疑いがない。その主張は，当時のロンドンなどのイギリス社会の世相を鋭く捉えており，風刺詩として大きな反響を呼んでいた。

　スミスは，マンデヴィルのこうした考え方を，健全な道徳観に基づく市民社会という観点から強く否定している。スミスの2つの著作を合わせて考えると，スミスは「他者への共感」をベースにして，あるべき市民の姿を想定し，これを前提に各人が経済面では自己利益の追求を行っていくことが，社会に利益を生むという社会構造を描こうとしていたのではないかという見方が浮かび上がる。スミスの想定する個人は，「社会から切り離された孤立的存在ではなく，他人に同感し，他人から同感されることを求める社会的存在としての個人[4]」なのである。すなわち，スミスの経済学自体，市場経済の問題を，個人のあり方や，道徳，倫理と切り離して論ずべきものとは想定していなかったのではなかろうか。

　確かに，マンデヴィルの蜂の寓話では，個人の自己利益の追求を，倫理や道徳とは無縁のものとして捉えている。それどころか，贅沢な生活や虚栄心，物欲，時には悪事さえ，需要を創出することにより，それが公益，すなわち経済の繁栄に繋がるという考え方は，スミスには到底受け入れられないものであったのだろう。たとえば，警察官や裁判官，検事，弁護士などの職業は，世の中に悪人がいて初めて成り立っているのである。皮肉にも，スミス以降の経済学の流れの中では，スミスの共感をベースにした良き市民の世界ではなく，このマンデヴィルの蜂の巣に象徴されるようなありのままの現実と，倫理や道徳を別次元の問題と捉える経済学の体系が結びつき，市場経済システムを中心とした社会の支配的な理念となったよ

4　堂目卓生（2008）272頁。

うにも見受けられる。

　ちなみに，前述の蜂の寓話の中では，喧噪を嫌う蜂たちの願いを入れて，ジュピター神が蜂の巣の喧噪を抑え，欺瞞を一掃した所，その蜂の巣は衰退してしまうとの教訓が語られている。後に，ケインズが，蜂の巣の衰退を有効需要の問題に重ね合わせて，マンデヴィルを読み解いたというエピソードは大変興味深い。

2 ｜ 合理的な愚か者 ——アマルティア・センの主流経済学批判

　ハーバード大学やケンブリッジ大学で教鞭をとったインド出身の経済学者アマルティア・センは，アダム・スミスの主張した自己利益の追求という経済観，共感に基づく道徳観という2つの考え方を一体的に捉えるべきであるとしている。彼は，アダム・スミス以降の経済学が，スミスの意図に反して，経済学の倫理的側面を疎んじ，功利主義をベースにした工学的なアプローチに偏ってしまったことを憂慮している。

　経済学は，"合理性"に基づいて行動する「経済人（ホモ・エコノミクス）」をその基礎に置いてきた。経済学が仮定する経済人は，モデル上は，自己の利益や満足を最大にする存在と見做される。この単純な想定からスタートすることで，経済学においては，価格，数量などの変量の関数関係の最適値を求める問題を分析の中心に据え，工学的なアプローチを行うことが可能となったのである。

　さらに，経済学では，完全競争下の市場均衡（競争均衡）とパレート効率的な配分の関係が厚生経済学の基本定理として説明される[5]。「パレート効率的」とは，他人の効用を犠牲にすることなく，もはや誰の効用も高めることができない状況を示す基準であり，経済学の基本的な概念の1つで

ある。ただし，パレート効率性は，分配の公平性に関わるものではない。
貧富の差が大きな経済において，社会の富裕層が経済の拡大による富の増
加分を独占したとしても，パレート効率性の基準には適合することとなる
（その意味では，この基準は，あたかも自由貿易が先進諸国にとって好都
合なように，社会の富裕層にとって都合の良い基準であることは否めな
い）。また，上記の厚生経済学の基本定理が成立するためには，①経済人
の仮定や，②完全競争市場，③市場の失敗（外部性など）の不存在などの
諸条件が求められるが，こうした想定が現実的でないことは明らかである。

　市場原理主義的な立場をとる政治家やエコノミストは，しばしば「市場
に任せよう」とのスローガンを掲げるが，市場経済システムの活用が，資
源の配分等に関しては，一定の役割を果たすとしても，その限界は明らか
である。とりわけ，倫理や道徳を含めたさまざまな価値判断を伴う分配の
公平の問題については，市場に任せても解決しないことに留意すべきであ
る。

　経済人を基礎とする工学的なアプローチは，たとえば，一般均衡理論の
ように社会的な因果関係のメカニズムを明らかにするという意味での大き
な貢献はあるものの，そこには，もはやスミス流の幅広い人間観はなく，
倫理の問題は，分析の枠組みから排除されてしまったと言わざるを得ない。
センは，「合理的な愚か者」（Rational Fools）と題する論文（1977）の中
で，皮肉を込めて，「純粋な経済人は，事実，社会的には愚か者に近い」[6]
と切り捨てている。

　ところが，現実には，経済人，すなわち愚か者は，経済学の歴史ととも

5　「市場均衡における配分は，パレート効率的である」（厚生経済学の第一定理）。「財の総量
　を所与として得られるパレート効率的な配分は，適当な初期保有量を再配分して得られる経
　済の市場均衡となる」（厚生経済学の第二定理）。
6　アマルティア・セン（1982）訳書146頁。センの上記論文の原題は，"Rational Fools：A
Critique of the Behavioral Foundations of Economic Theory"

に，１人歩きを始めることとなった。自己利益の追求は，企業にとっても，消費者にとっても，現実の経済的な行動原理の指針とされ，その結果，しばしば，企業や消費者の社会的価値の追求行動（たとえば，企業の社会的責任（CSR）や社会目的の消費など）は，経済的価値の追求とは区分され，市場経済システムの外部の問題として扱われている。経済学が想定した自己利益の追求に基づく市場システムは，個人主義的な合理性に基づく仮想的（バーチャル）なモデルだったはずだが，それが経済の現実を支配する原理となってしまったのである。

3 | 共感のルーツ

アダム・スミスやセンが指摘した「共感」は，人間にとって本質的なものであり，経済学の中でも，当然に考慮されなければならないものである。最近の動物行動学や脳科学などの研究成果によれば，共感はヒトだけでなく，哺乳類が進化の過程で獲得した生来の基本的な感情であることがわかってきた[7]。また，ヒトの有する共感の感情は，動物の場合とは異なり，社会の発展とともに，豊かで奥深いものへと進化してきたことが明らかにされている。

ヒトでは，利他的な遺伝子の割合が他の哺乳類に比べて著しく大きい。利己的な行動は，進化の過程で人間社会から排除されてきたと考えられる。その結果，ヒトの有する遺伝形質においても，徐々に，利己的な遺伝子の優位性は失われてきたはずである。では，なぜ，利他的な社会ができないのか。進化人類学者のボームは，進化論的には，ヒトの学習能力が，各人

---

7 亀田（2017）99頁。

の利己的遺伝子の顕在化を抑制するため，潜在的に利己的遺伝子が残ってしまうと説明している[8]。ボームの大胆な仮説は興味深い。この文脈から考えると，資本主義成立以降の自己利益を追求する「経済人」の登場は，ヒトの利己的遺伝形質に大義名分を与え，本来の利他的遺伝形質の発現を抑制する社会的な学習装置として機能していると言えるのかもしれない。

　共感の本質は，自己利益の最大化を求める経済人の合理的行動では説明することはできないが，人間の道徳や倫理，それに基づく行動は共感をベースにしている部分が大きい。企業の社会的責任に基づく行動や消費者の倫理的消費行動も，この共感を動機の1つとしていると言えよう。

　経済学は，こうした人間の生来有する豊かな感情の営みを単純な関数モデルに置き換えて説明しようと試みてきたのである。その試みは，皮肉を込めて言えば，かなりの成功を収めており，バーチャルな経済学の論理が，リアルな社会の倫理にとって代わるような現象も多くみられるのである。その結果として，いつの頃からか，自己利益の追求が企業の目的であり，満足の最大化が消費者の行動の目的であると，われわれ自身が錯覚する状況さえ，生じているのである。

4 共感とコミットメント

　前出のセンは，共感をさらに厳密に定義し，「共感」と「コミットメント」に分けている。センによれば[9]，共感は他者への関心が直接に自らの厚生に影響を及ぼす場合であるとする。すなわち，他人の苦悩を知った時には，自分も傷つき，他人への支援が，自分にも喜びを与えるといった状

8　クリストファー・ボーム（2012）訳書246頁，448頁（長谷川眞理子解説）。
9　アマルティア・セン（1982）訳書133頁。

況が共感なのである。他方，コミットメントは，他者への関心が，自らの厚生に影響を及ぼさないケースである。他人が苦しむのは不正であると考え行動するが，自らの境遇や心境には特段の変化はないと感じられる状況がコミットメントである。

個人の消費行動におけるコミットメントは，他の要因，たとえば，隣人と仲良くしたいという欲求や個人の生活習慣，文化などと比べて決定的な要因とは言えないかもしれない。しかし，センは，公共財に関して，特にこのコミットメントの重要性を指摘する[10]。経済学では，道路や公園などの公共財の最適配分の問題を考えるに当たって，フリーライダー（各人が，公共財の便益に応じた負担をせず，過少申告することへの懸念）の問題について論じるが，彼は，個人が，公共財の配分に関して，過少申告してまで，各人が自己利益の最大化をめざすのだろうかという点に疑問を呈する。すなわち，ホモ・エコノミクスの仮定では，「人々は正直であるための経済的誘因がある限りにおいて，正直であるにすぎない」（ライフ・ヨハンセン）とされるが，現実の消費者の行動は，こうした伝統的な経済学的な尺度にはなじまない。人々が，正直に，あるいは多少とも過大に申告するのは，律義さの故であるかもしれない。この律義さは，自己利益の最大化という概念では推し量ることが困難であり，コミットメントに関係している。

センは，労働の問題にも目を向ける[11]。われわれは労働の対価としての報償額のみによって労働を提供している訳ではない。人々が働くのは，生きがい（共感）やある種の社会的使命感，義務感などの感情（コミットメント）があるからである。要するに，必ずしも，正当な労働の対価の支払いがなくても，労働を提供することがあるし，しかも，こうした行為は，自分自身に満足感を生むことも，そうでない場合もあるということので

10　*ibid.* 139〜142頁。
11　*ibid.* 143頁。

ある。ドーア教授は，日本型経営の特色として，その準共同体的性格を挙げる[12]。彼は，日本企業は，アングロサクソンの場合とは異なり，経営者を頂点としたコミュニティの性格が強いと指摘する。たとえば，終身雇用制における賃金体系では，労働による会社への寄与と賃金水準の間には，必ずしも比例的な対応関係はなく，ライフステージに応じた生活給の面が強いとされる。

5 │ 利己心の経済から利他心の経済へ

アダム・スミスの共感や，センの共感とコミットメントは，市場経済システムの中でどう位置づけられるのだろうか。現在の市場経済システムは，自己利益の追求と見えざる手，すなわち市場メカニズムを基本としている。その意味では，現在のシステムは，「利己心の経済システム」と呼んでよいのかもしれない。

共感やコミットメントは，経済学においては，「外部性」として扱われることとなると考えられる。もちろん，他者への共感が，自らの効用を高めるという考え方に立てば，ある程度は，自己利益の追求という「論理」と，共感や社会的価値の追求という「倫理」の間に接点を見出すことは可能かもしれない。消費者は，共感を含めた効用の最大化を図るという意味では経済学のモデルも部分的には倫理を包摂しているようにも見える。しかし，コミットメントのように自らの厚生に反映しない行動は，経済学の基本である「選好」の序列を成り立たせない可能性がある。

とりわけ，消費者や企業の行動において，たとえば，社会的消費や企業

---

12 ロナルド・ドーア（2006）『誰のための会社にするのか』岩波書店。

の社会的責任など，自己利益の追求という個人主義的な世界観とは異なる動機が大きなウエイトを占めるようになっている状況の下では，市場メカニズムの機能を検証し直す必要があると考えられる。こうした潮流は，いわば，「利他心の経済システム」と呼ぶべきものなのかもしれない。もちろん，市場経済を前提とする以上は，自己利益の追求という市場経済システムの推進力がすべて利他的な原理に置き換わってしまうと考えることは現実的でない。その意味では，「利他心の経済システム」は「利己心の経済システム」としての市場経済システムをベースとしつつも，共感など，自己利益の追求以外の動機が推進力となるシステムであると考えられる。

　アダム・スミスの思想や道徳哲学は，共感を育む市民社会の存在を前提としていたと考えられる。この点は，共感や倫理を論じる際には，忘れてはならない視点である。自己利益を追求する個としての市民は，他方において，良識や道徳観を共有する市民社会の構成員でもあった。肉屋や酒屋やパン屋の主人は，いわば良き市民であることが求められているのである。現代において，共感や倫理，あるいは社会的価値を考える際にも，この市民や市民社会の概念は重要な意味を持つと考えられる。もはや18世紀の古典的な市民観は通用しないことは明らかである。では，それに代わる市民像や市民社会の姿はどのようなものなのだろうか。「利他心の経済システム」を実効的なものとするためには，この点を忘れてはならない。近年，消費者教育などの分野で，「消費者市民社会：Consumer Citizenship」という言葉がしばしば使われているが，こうした概念が登場した背景には，資本主義勃興期以来の「市民」像を「消費者市民」と捉え直し，時代に応じた消費者や企業のあるべき姿を明らかにしようとの意図があるのではないかと筆者は推察している。

　言い換えれば，社会的価値や倫理を経済学的な観点から論ずる際には，その前提となる社会の姿が明らかにされていなければならない。倫理や共

図表 1 - 1 ◆ 経済学の目指すべき方向（大まかなイメージ）

新しい経済学（消費経済学など）	伝統的な経済学（新古典派経済学など）
利己心と利他心（倫理）	利己心（自己利益の追求）
限定合理性	経済人（ホモ・エコノミクス）
共感，協働	個人
行動経済学，経営学，社会心理学，倫理学などを総合したアプローチ	最適化モデル（企業は利益最大，消費者は満足最大），工学的アプローチ
現実や実践を重視	問題を抽象化，単純化 （時に，バーチャルな理論が現実を正当化する論拠に）
サステイナビリティ（経済目的と社会目的）の実現	経済目的の実現

（出所）　筆者作成。

感の拠って立つ基盤としての市民社会の姿を認識せず，無限定に倫理や共感を論ずることは科学としての経済学の立脚点を損ないかねない。経済学は，これまで，その方法論の故に，ウエーバーの指摘する価値自由（Wertfreiheit）の問題に，ある程度応えることができたのではないかと思われる。その反面，経済学は，分配の問題やこれと密接に関連する倫理の問題に立ち入ることが難しかったと言えよう。

　言うまでもなく，倫理という言葉は，この言葉を使う者の属する社会や文化，歴史的背景，あるいは個々人の立場，思想，考え方などによって多様な意味内容を有していると考えられる。たとえば，人種や民族の違いによって，倫理感も大きく異なる可能性がある。その意味では，経済学が倫理をその視野に入れようと試みる場合に，広い意味の倫理一般を対象とすることは困難であると考えられる。

　それでは，倫理や社会的価値という抽象的な概念に代わる価値をどう設定すべきなのだろうか。筆者は，今日，世界の多くの地域や文化において

受け入れ可能な概念として，サステイナビリティ（持続可能性）に着目すべきであると考えている。広範な倫理一般を論じるより，持続可能性に焦点を当てて，経済モデルを構築することにより，普遍的な価値の選択が可能となるのではなかろうか。サステイナビリティという社会的価値は，今後ますます重要性を増していくと考えられる。次章では，新しい経済学の根幹をなす概念のひとつであるサステイナビリティという概念について考えてみたい。

◆ 参考文献

Adam Smith（1759），*The Theory of Moral Sentiments*（高哲男訳（2013）『道徳感情論』講談社）

Adam Smith（1776），*An Inquiry into The Nature and Causes of The Wealth of Nations*，（山岡洋一訳（2007）『国富論—国の豊かさの本質と原因についての研究』日本経済新聞出版社）

Bernard de Mandeville（1714），*The Fables of the Bees：or, Private Vices, Public Benefits*（泉谷治訳（1985）『蜂の寓話——私悪すなわち公益』法政大学出版局）

Boehm, C（2012），*Moral Origins：the evolution of virtue*：Basic Books（齋藤隆央訳（2014）『モラルの起源—道徳，良心，利他行動はどのように進化したのか』白揚社）

Sen. A（1982），*Choice, Welfare and Measurement*：Basil Blackwell（大庭健，川本隆史訳（1989）『合理的な愚か者—経済学＝倫理学的探究』勁草書房）

Sen. A（1987）*On Ethics and Economics*：John Wiley & Sons Ltd.（徳永澄憲，松本保美，青山治城訳（2016）『経済学と倫理学』筑摩書房）

亀田達也（2017）『モラルの起源—実験社会科学からの問い』岩波書店

堂目卓生（2008）『アダム・スミス』中央公論新社

Introduction to Economics of Consumption

第2章

サステイナビリティの視点

- 今日，消費者は，サステイナビリティ（持続可能性）の実現に向けて，基本的な役割を担っていると考えられる。本章では，新たな消費経済学の基本的概念と考えられる「サステイナビリティ」について，S. ハート（1997）が提唱した「サステイナビリティと3つの経済」に関する定義をもとに，その本質を考えてみたい。
- ハートは，途上国での企業活動を考えるに当たって「市場経済」，「生存の経済」，「自然の経済」という3つの経済の調和が求められることを明らかにした。
- 本章では，こうした考え方が，われわれの身近な日常の生活にも適用可能であることを明らかにし，消費経済学の視点から，改めてサステイナビリティの概念を定義するとともに，さまざまな事例の紹介を通じてサステイナビリティの具体的な意味やその実践的な内容を明らかにしてみたい。

1 | サステイナビリティとは

1.1 サステイナビリティの定義をめぐって

サステイナブル・ディベロップメント（持続可能な発展[注]）やサステイナビリティ（持続可能性）という言葉は，抽象的な概念であり，その意味内容が，字句自体により，直接，具体的に示されているとは言い難い（**注**：開発と訳す場合もある）。

たとえば，国連のブルントラント委員会報告書（1987年）では，サステイナブル・ディベロップメントについて「将来世代のニーズを損なうことなく現在の世代のニーズを満たすこと」と定義している。しかしながら，ここに言う「将来世代」とは，どの程度，先の世代を指す言葉なのだろうか。20年後，30年後なのか，50年後あるいは100年後なのだろうか。サステイナビリティを目指す現在の世代の具体的な行動を考えるためには，将来世代の範囲を明確にしなければならない。20年後の世代のためにはサステイナブルな対応であっても，100年後の世代にとってはサステイナブルではなくなることもあり得るのである。その意味では，サステイナブル・ディベロップメントやサステイナビリティという言葉には，人々の行動やこれを支援する政策を考える際には，あいまいな部分が残ると言わざるを得ない。

また，サステイナビリティは，個人の価値観とも関係している。われわれは，われわれの子孫にどの程度のQOL（生活の質）を残せばよいのだろうか。それは，世代，地域や文化などを背景とした個人の立場，価値観などにより，かなり幅があるものなのではないだろうか。われわれが，将

来世代と価値観を共有することができれば，こうしたあいまいさも解消すると言えよう。しかし，将来世代と対話することはできない。将来世代と現在の世代の世代間の資源配分を，現在の世代のみが考えるといった時間軸をベースにした定義では，どうしても，具体性に欠ける部分が残ってしまう。

1.2 ハート教授の3つの経済論

BOPビジネスの提唱者であるコーネル大学のスチュアート・ハート名誉教授は，サステイナビリティについて，「市場経済」，「生存の経済」，「自然の経済」という3つの経済の概念を用いて説明を行っている。ハートによれば，グローバルな世界は，先進国経済や新興国経済を含む「市場経済」の他，「自然の経済」，アフリカなどの最貧国を念頭に置いた自給自足型の「生存の経済」により構成される。この3つの経済が，あたかも「衝突する宇宙」（カール・セーガン　コーネル大学教授のベストセラーの題名）のように，ぶつかり合っている。3つの経済を支える原理は大きく異なっていることから，3つの経済が重なる所では，さまざまな困難な課題が生じるのである。すなわち，市場経済と生存の経済の間には「貧困，格差」が，市場経済と自然の経済の間には「環境汚染，地球温暖化」が，自然の経済と生存の経済の間には，「資源・食糧枯渇」の問題が生じるとされる。また，3つの経済が重なり合う所には，途上国の人口密集地域としての大都市の問題がある。ハート教授は，こうした3つの経済の衝突により生じる問題をいかに解決していくかが今日のグローバルな世界の課題であり，その解決がサステイナビリティにつながるとしている。

1.3 市場経済の問題点

ハート教授の指摘は，これまでの経済学の問題点を示すものでもあった。

ピケティの指摘を待つまでもなく，市場経済と生存の経済の間に生じる貧困や格差への対応は，本来は，経済学の基本的な課題の1つであるべきもののはずである。世界の富豪8人の資産の合計が，世界の人口の約半分，36億人の総資産と等しいというOxfamの推計（2017年）は，衝撃的である。これらの富豪の資産の大半が，IT関連のビジネスによって生み出されているという事実をふまえると，所得分配面での調整メカニズムを欠いた現代の市場経済システムの歪みが浮き彫りとなる。

スタンフォード大学のマクミラン教授は，医薬品の開発を市場経済システムに委ねた場合，先進諸国のペットの犬の分離不安に対する抗鬱剤は開発されても，発展途上国の多くの人々を苦しめる風土病や感染症のワクチンや治療法の開発はなかなか進みにくいと指摘する。「貧しい人々の致死的な病気を見過ごしながら，新薬の探求は豊かな人々の表面的な苦痛に向けて行われている。熱帯の病気に対する薬は，新薬特許のほんの1パーセントを構成しているだけである。製薬会社は豊かな人々の病気に特化している[1]」。また，特効薬が開発されたとしても，その薬価が極めて高額なため，途上国の多くの人々にとっては入手困難な状況が続くこととなる。

「市場経済」は，資本主義の急激な発展とともに，価値収奪的な性格を露にする。「自然の経済」も「生存の経済」も，循環的なプロセスの中で再生産が行われる。しかし，その価値は本質的に市場の評価のみに委ねられない性格のものである。たとえば，公害の健康被害への賠償金による対応は，健康回復，再発防止等の本質的な解決への取組みを決して免責するものではない。健康という価値は，金銭には換算できないのである。賠償金による対応が定着してしまうと，自然の経済，そして生存の経済が市場経済の拡大の中で浸食される構図が常態化してしまうことも懸念される。

1　マクミラン（2003）訳書38，39頁。

シェークスピアのヴェニスの商人の有名なくだりを思い起こしてほしい。たとえていうなら，市場経済の論理，すなわち，物語の中の高利貸しのシャイロックの契約書の文面が，アントーニオの命，すなわち，生存の経済を犠牲にして良いという考え方は，裁判官に扮したアントーニオの恋人，ポーシャならずとも，到底，正当化し得るものでないことは明らかであろう。その意味では，サステイナビリティとは，別の言い方をすれば，外部収奪的な市場経済システムをどうコントロールしていくのかという問題提起でもある。生存の経済や自然の経済の側面を見失えば，現代経済社会は破綻に瀕することとも成りかねないのである。

1.4　電子ゴミの事例

　ハート教授の３つの経済のモデルは，サステイナビリティについて，時間的な定義を行わず，空間的な視点から問題の所在を明らかにしたものとも言えよう。将来を想定しなくても，途上国と先進国という世界の構造の中に，サステイナビリティの問題は確実に存在しているのである。

　現実に，市場経済が生存の経済や自然の経済を脅かしている事例として，パソコン等の電子ゴミの廃棄問題を考えてみたい。米国をはじめとした先進諸国の使用済みパソコンなどの電子ゴミが国境を越え，規制の緩やかな途上国に流入し，環境汚染等を生じる原始的なやり方でリサイクルが行われているのである。

　2002年，米国のNGO，バーゼル・アクション・ネットワークは，中国広東省汕頭市貴嶼村周辺の４つの村を調査し，これらの地域において，①ブラウン管の破砕・廃棄，②電子部品の野焼き，③プリンタートナーの回収，④電子廃棄物プラスチックの溶融，⑤はんだ除去，電子基板処理，⑥酸による剥離，除去による金の回収等が，住民の健康や地域の環境に悪影響を与えるようなやり方で行われていることを公表し，大きな反響を呼び

起こした[2]。バーゼル・アクション・ネットワークの活動は，廃棄物の国境を越えた移動を規制するバーゼル条約を，米国が先進国では唯一批准していないことに抗議して行われている活動である。

　国連大学の報告書（2013）[3]によれば，中国政府は，2000年に電子ゴミの輸入を全面的に禁止する法律を施行したほか，電子ゴミ回収のパイロットプログラム（2003-2006年）や家電買替え割引制度（2009-2011年）等を導入し，電子ゴミ対策に取り組んでいる。こうした取組みにより，中国国内で消費者から排出される電子ゴミの回収体制は整備されてきたが，その間依然として，米国だけでなく，欧州，日本等バーゼル条約加盟国からも電子ゴミの不法流入が続いており，非正規の処理ルートが残存している。浙江省台州市，広東省汕頭市貴嶼村などが，非正規の電子ゴミの集積地となっており，中国全体では，非正規の電子ゴミの回収に約44万人，リサイクル業に約25万人が従事しているとみられている。グイユには約300社以上のリサイクル企業や多数の個人の作業場が存在し，15万人（うち10万人は他地域からの労働者）が電子ゴミのリサイクル業に従事しているとされる[4]。こうした電子ゴミ処理の横行は，地域の環境汚染を拡大するだけでなく，住民の健康被害を生じ，深刻な公害問題を引き起こしている。

　こうした問題の発生は中国に限られたものではない。前述の国連大学の報告書によれば，インドのバンガロール，チェンナイ，デリー，ニューデリー，ナイジェリアのラゴス，パキスタンのカラチなどでも，電子ゴミが流入し，環境汚染や健康被害が懸念される状況にあるとされている。市場経済は生存の経済の弱い部分から堰を切って流れ込み，生存の経済や自然の経済を脅かすのである。

2　Basel Action Network（BAN）（2002），*Exporting Harm, The High-Tech Trashing of Asia*.
3　United Nations University/StEP Initiative（2013），*E-waste in China：A country report*.
4　*ibid.* 22頁。

1.5 SDGs との関係

　最近話題になっている国連のSDGs（持続可能な開発目標）は，MDGs（ミレニアム開発目標，2001年策定）を引き継ぐものとして，2015年9月の国連サミットで採択された「持続可能な開発のための2030アジェンダ」に基づく国際目標である。SDGsの目標年度は2030年，17の目標，169のターゲットにより構成されている。SDGsでは，サステイナブル・ディベロップメントに「2030年」という時間的なゴールを設定することでその概念を具体化し，サステイナブル・ディベロップメントに関して，実行可能なアプローチを行おうとするものである。SDGsの17の目標を考えてみよう。これらの目標は，多岐にわたっているように見えるが，3つの経済の視点からとらえていくと理解しやすい。これらの持続可能な開発の到達目標を実現するためには，3つの経済の衝突による課題を解決することが求められる。それは，主として，市場経済の野放図な拡大による生存の経済や自然の経済への侵害を阻止し，3つの経済の循環と調和を回復することであると考えられる。SDGsの17の目標のレベルや内容は多様であり，単純な分類にはなじまないが，3つの経済を理解する手がかりとして17の目標との相互の関係をおおまかに整理しておこう（**図表2－1**）。

　市場経済……8．9．12.

　市場経済と生存の経済……1．10.

　生存の経済と自然の経済……2．11.

　生存の経済……3．4．5.

　自然の経済……6．7．13．14．15.

　市場経済と自然の経済と生存の経済……16．17.

第2章　サステイナビリティの視点　35

図表 2 - 1 ◆ SDGs の17の開発目標

目標1 （貧困）	あらゆる場所のあらゆる形態の貧困を終わらせる。
目標2 （飢餓）	飢餓を終わらせ，食料安全保障および栄養改善を実現し，持続可能な農業を促進する。
目標3 （保健）	あらゆる年齢のすべての人々の健康的な生活を確保し，福祉を促進する。
目標4 （教育）	すべての人に包摂的かつ公正な質の高い教育を確保し，生涯学習の機会を促進する。
目標5 （ジェンダー）	ジェンダー平等を達成し，すべての女性および女児の能力強化を行う。
目標6 （水・衛生）	すべての人々の水と衛生の利用可能性と持続可能な管理を確保する。
目標7 （エネルギー）	すべての人々の，安価かつ信頼できる持続可能な近代的エネルギーへのアクセスを確保する。
目標8 （経済成長と雇用）	包摂的かつ持続可能な経済成長およびすべての人々の完全かつ生産的な雇用と働きがいのある人間らしい雇用（ディーセント・ワーク）を促進する。
目標9 （インフラ，産業化，イノベーション）	強靱（レジリエント）なインフラ構築，包摂的かつ持続可能な産業化の促進およびイノベーションの推進を図る。
目標10 （不平等）	各国内および各国間の不平等を是正する。
目標11 （持続可能な都市）	包摂的で安全かつ強靱（レジリエント）で持続可能な都市および人間居住を実現する。
目標12 （持続可能な生産と消費）	持続可能な生産消費形態を確保する。
目標13 （気候変動）	気候変動およびその影響を軽減するための緊急対策を講じる。
目標14 （海洋資源）	持続可能な開発のために海洋・海洋資源を保全し，持続可能な形で利用する。
目標15 （陸上資源）	陸域生態系の保護，回復，持続可能な利用の推進，持続可能な森林の経営，砂漠化への対処，ならびに土地の劣化の阻止・回復および生物多様性の損失を阻止する。

目標16（平和）	持続可能な開発のための平和で包摂的な社会を促進し，すべての人々に司法へのアクセスを提供し，あらゆるレベルにおいて効果的で説明責任のある包摂的な制度を構築する。
目標17（実施手段）	持続可能な開発のための実施手段を強化し，グローバル・パートナーシップを活性化する。

（出所）　外務省ホームページ。

2 ┃ サステイナビリティと 3 つのサブ経済システム

　ハート教授の 3 つの経済によるサステイナビリティの定義は，途上国問題に関する概念整理であった。筆者は，3 つの経済の問題をより広く捉えることが重要であると考えている。「市場経済」，「自然の経済」，「生存の経済」は，われわれの身近なところにも存在している。われわれは，決して市場経済の中でのみ暮らしている訳ではない。日常的な暮らしや身の回りの環境の問題を考えることは，サステイナビリティという概念を理解する上でも軽んずることのできない視点である。とりわけ，われわれの暮らし，日々の生活の足場となる「生存の経済」を中心に考えることは極めて重要である。高齢化，福祉，過疎化などの問題については，市場経済の論理や方法のみを優先すべきでないことは明らかである。

2.1　われわれの身の回りの 3 つの経済の事例

　ここでは，3 つの経済について理解を深めるために，われわれの身の回りの具体的な事例を考えてみよう。子供の貧困問題は，主に市場経済と生存の経済（暮らしの経済）の間に生じる問題である。格差を捉える指標の

1つとして,相対的貧困率[5]という指標があるが,2000年代,日本はOECD諸国の中でもこの指標が高いことが明らかになった。とりわけ,ひとり親世帯を中心とした子供の相対的貧困率が高い,すなわち貧富の格差が大きいのである。2009年時点の国民生活基礎調査では,子供の相対的貧困率は15.7%,うち現役世帯の大人が1人の世帯（ひとり親世帯など）の相対的貧困率は50.8%であった。この数字は,OECD加盟国の平均を大きく上回っており,現役世帯の大人が1人の世帯の相対的貧困率は,OECD加盟国中最も高い水準であった。厚労省の国民生活基礎調査は3年ごとであり,2012年には,この数字はそれぞれ,16.3%,54.6%とさらに悪化したものの,最新の2015年のデータでは,子供の貧困率は13.9%,現役世帯の大人が1人の世帯では,50.8%と,やや改善の傾向がみられる（**図表2-2**）。こうした状況のもとで,2013年には「子どもの貧困対策の推進に関する法律」が制定され,子供の貧困対策が総合的に実施されるこ

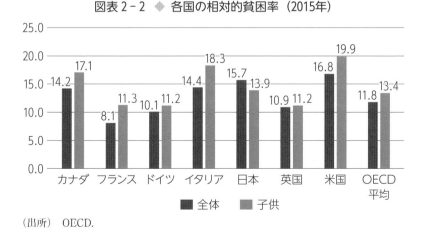

図表2-2 ◆ 各国の相対的貧困率（2015年）

（出所）OECD.

---

5 「相対的貧困率」は,等価可処分所得（世帯の可処分所得を世帯人員の平方根で割った値）の貧困線（中央値の半分）に満たない世帯員の割合。

ととなった。また，地域の子どもたちに無料や低額で食事を提供する「子ども食堂」も全国各地に設置されている。子ども食堂の運営者の団体である「こども食堂安心・安全向上委員会」の調査では，2018年4月時点で，全国2,286カ所の子ども食堂が設けられ，子供たちへの支援の取組みが本格化している。

里地・里山の消失は，生存の経済と自然の経済，市場経済の間に生じる問題である。人々の暮らしのためには宅地や農地開発，道路などのインフラ整備等が不可欠である。他方，開発が進めば，里地・里山の自然を消失させる可能性がある。里地・里山は，わが国において，生物多様性の維持，国土保全機能，水源の涵養機能，景観，地域文化への影響など，多様な役割を果たしてきたと考えられるのである。

ゴミ問題やCO_2の問題は，主に市場経済と自然の経済の問題であるが，消費者のライフスタイルという意味では，暮らしの経済とも関係することとなる。前述のパソコン等の電子ゴミの廃棄問題では，市場経済の下で，途上国にゴミが輸出され，自国だけではなく，途上国を巻き込んで，その生存の経済や自然の経済に問題を生じているケースである。実際，中国のグイユなどの現地調査では，バーゼル条約があるにもかかわらず，中古品等の名目で，日本製のパソコンが持ち込まれている実情が明らかになっている。

筆者は「市場経済」と「生存の経済」，「自然の経済」の重なる領域，すなわち「貧困」「汚染・温暖化」「資源・食糧枯渇」などが生じる領域の深刻な課題の1つは「コミュニティの危機」にあると考えている。コミュニティの語源であるラテン語のcommunitasは，「共同体」の意味であるが，「仲間意識」，「愛想のよいこと」，「親切」のニュアンスをも含む言葉である。この言葉は，一般には「一定の地域に居住し，共属感情を持つ人々の集団」（広辞苑，第4版）あるいは，もっと単純に「地域社会」の意味で

図表 2 - 3 ◆ サステイナビリティと 3 つのサブ経済システム

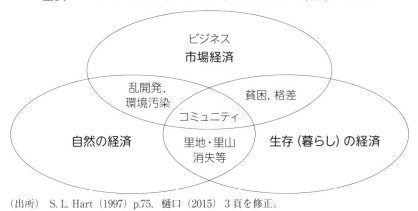

(出所) S. L. Hart (1997) p.75, 樋口 (2015) 3 頁を修正。

用いられることが多い。その意味では，コミュニティは，「町」や「村」などの行政的，物理的な地域の単位を示すものではなく，一定の場所に住む人々の「社会的なまとまり」に着目した概念であると言えよう。コミュニティは社会の基本的な構成要素であり，コミュニティの崩壊は経済や社会のサステイナビリティを損なうこととなるのである。

明治時代，足尾銅山では，鉱害の発生に伴い，松木村の廃村（1902年），谷中村の強制移転（1907年）が行われ，足尾鉱毒事件として大きな社会問題となった。同じ時期，別子銅山では，足尾銅山とは対照的に，煙害防止の観点から，支配人伊庭貞剛を中心に，銅山純利益の 2 年分を投じて精錬所の四阪島への移転が決断されていた。足尾と別子の鉱害問題は，市場経済と生存の経済，自然の経済をどう調和させるべきなのか，企業経営者がその真価を問われることとなった歴史的事例である。

2.2 サブシステムとしての 3 つの経済

サステイナビリティと 3 つの経済の概念について，改めて強調しておきたいことは，市場経済，生存の経済，自然の経済の 3 つの経済システムが，

「サステイナブルな経済システム」を実現するための「サブシステム」として位置づけられるべきであるという点である。市場経済システムは，決して，われわれの経済社会において，支配的な経済システムではない。それは，ハート教授の指摘するような途上国問題だけでなく，われわれの暮らし全般についても，当てはまると言えよう。その意味では，サステイナビリティや，それを支えるサステイナブルな経済システムの実現のためには，市場経済というサブシステムと生存の経済や自然の経済というサブシステムの間の調整，共存が不可欠なのである。

2.3 対立と共生──サブシステムの調整プロセス

われわれは，グローバルな世界から日々の暮らしに至るまで，「市場経済」と「自然の経済」，「生存の経済」という３つのサブ経済システムの間の対立・葛藤を経験している。

それは，市場経済の一方的な拡大の傾向だけを意味しない。「温暖化対策」，「生物多様性の保全」など，「自然の経済」の領域が「市場経済」や「生存の経済」に大きな影響を与える事例もある。製品安全に関する科学技術の進展や人権意識の高まり，環境保護の推進等を背景とした安全規制，労働規制，汚染に関する環境規制などの強化は，「生存の経済」「自然の経済」が「市場経済」を制約する方向に働く事例として捉えることも可能である。

超高齢社会の到来の下で，高齢者の見守りを誰がどのように担うべきなのだろうか。それは，善意だけでは解決できない問題を根底に含んでいる。老々介護問題や老後破産問題など，深刻な社会問題に対処するためには，世代間の所得分配といった基本問題だけでなく，介護保険制度，高齢者へのサービス事業等，具体的な制度のあり方の面からも踏み込んでいかなければならない。それは，決して市場経済に任せておけば解決できるといっ

た性質の問題でないことは明らかである。他方，市場経済システムの機能が経済を発展させ，生活の豊かさを生む原動力の1つとなっていることは否定できない。その意味では，市場経済システムの長所を，高齢者の生活という生存の経済の現実にどう組み込んでいくのかが重要課題となる。

地球環境問題の解決も同様である。成長と循環，自然の経済や生存の経済と市場経済をどう調和させていくべきなのかが問われている。CO_2等の温暖化効果ガスの削減は，先進国と途上国，産業部門，輸送部門と生活部門の資源配分，所得分配に大きな影響を生じることとなる。日常生活における省エネやCO_2削減の努力と，生活の豊かさ，利便性の向上はトレードオフの関係となっていることも多い。たとえば，ノー・マイカー・デーの実施によって，CO_2の削減は実現できるが，通勤時間や通学時間が増加し，家族の団欒の時間が犠牲になるかもしれない。現実には，マイカーへの課税，大都市中心部への乗り入れ規制，代替交通機関の整備，カーシェアリングの推進など，市場経済的な手法を含めたさまざまな手法を組み合わせることにより，マイナスを最小限にする取組みが行われている。

2.4　経済の成長と循環

3つの経済の概念を正しく理解するためには，「経済」という言葉の持つ意味を考え直してみる必要がある。フランスの経済学者フランソワ・ケネーは，「経済表」（1758年）において経済の循環する姿を明らかにしたが，サステイナビリティやサステイナブルな経済システムを考える際には，「経済」を，「成長」と並んで「循環」という側面から捉えることが重要となってくる。「成長」が経済社会に新たな価値を生むとすれば，「循環」は，価値の再生産プロセスと関連づけて考えることができる。「市場経済システム」の本質は貨幣経済システムであり，貨幣の循環，貨幣を通じて売買される商品・サービスの再生産が重要である。

他方，「自然の経済システム」では，資源，エネルギー，動植物やそのベースとなる地球自体で構成される自然システムの再生産プロセスが基本に位置づけられる。「生存の経済システム」は，人間の生存，日々の暮らし，生活や，それに関わる信頼，コモンズ，人々のコミュニティ，共同体，ネットワークなどにより構成される領域として捉えられるべきであろう。

2.5 サステイナビリティと価値判断

現代の資本主義経済システムの下では，市場経済は，「経済的価値」を拡大する役割を担っているが，それは，しばしば生存の経済や自然の経済の循環を損ねるものともなっている。経済的価値以外の価値，すなわち，社会的価値と総称されるものの大半は，生存の経済や自然の経済に関わるものであり，これまでの経済的価値を中心とした価値創造のプロセスにおいては脇役的な位置づけしか与えられてこなかった。

その結果，市場経済の価値創造の中心をなす企業は，経済的価値を生み出す組織として理解されることが多かった。だが，第4章にも論ずるように，本来の企業の活動は，当然のことながら，経済的価値の創造のみに限られている訳ではない。経営学者のポーター教授が提唱するCSV（共通価値の創造）の概念においては，企業は，経済的価値と社会的価値の双方を創造する主体として捉えられている。

言うまでもなく，企業の活動を支えるのは，市場における消費者の選択行動である。たとえば，消費者のエシカル（倫理的）な選択行動は，企業の新たな社会的価値の創造を促す。この社会的価値には，当然のことながら，生存の経済や自然の経済の領域の課題の解決の方向性が含まれている。企業の経済的価値の創造を，社会的価値の創造プロセスと区分する従来の経済学の考え方は，もはや過去のものとなりつつあるとも言えよう。企業の活動は消費者の選択に支えられており，消費者のサステイナブルな選択

第2章　サステイナビリティの視点　　43

行動は直接的に企業の活動にも反映することとなるのである。その意味では，生存の経済や自然の経済を無視して，経済的価値を追い求める行動は，むしろ社会全体の価値を毀損していると捉えざるを得ない。

アマルティア・センは経済学が価値判断を排除し，工学的アプローチを中心に発展してきたことを指摘し，アダム・スミスが論じた倫理やその基礎となる共感を経済学の中で扱うべきことを論じた。しかし，倫理や共感を基準として選択を行うためには，特定の価値判断に関する社会的コンセンサスの問題を避けて通ることはできない。倫理という言葉の意味内容は個人により，時代により，文化・歴史的背景や宗教的背景により，大きく異なっている。他方，共感という心の内面の問題は，定式化しにくいことも事実である。

その意味では，現代社会において，「サステイナビリティ」をベースにした消費者の選択行動や，これをふまえた企業の社会的価値の創造は，「社会」に関する価値観や立場の違いを超えたコンセンサスを得やすい選択であると言えよう。個々人によって，社会的価値そのものの捉え方には差があるとしても，サステイナビリティという価値観は，すでに，人々が共通に受け入れることができるミニマムの選択肢として位置づけられているように思われる。

現代経済の課題は，市場経済と生存の経済，自然の経済の対立・葛藤により生じている。こうした課題を解決し，3つの経済を調和させていくことがサステイナビリティの本質であると筆者は考えている。その意味では，消費者のサステイナビリティに基づく選択行動や，これをふまえた企業のサステイナブルな価値の創造は，市場経済を方向づける具体的な手段であると言えよう。

◆ 参考文献

Hart, S.L. (1997), "Beyond Greening: Strategies for a Sustainable World" *Harvard Business Review* 1997-1, 2, pp.66-76（邦訳；「『持続可能性』を実現する戦略」『ダイヤモンド・ハーバード・ビジネスレビュー』2013年4月号115-128頁）

Hart, S.L. (2005), *Capitalism at the crossroads*：Wharton School Publishing（石原薫訳（2008）『未来をつくる資本主義』英治出版，増補版（2012））

McMillan, J. (2003), *Reinventing the Bazaar—A Natural History of Markets*：Norton（瀧澤弘和，木村友二訳（2007）『市場を創る—バザールからネット取引まで』NTT出版）

鶴見良行（1982）『バナナと日本人』岩波書店

樋口一清，白井信雄（2015）『サステイナブル地域論』中央経済社

樋口一清，藤田成吉，白井信雄（2007）『ビジネスと環境』建帛社

村井吉敬（2007）『エビと日本人Ⅱ』岩波書店

Introduction to Economics of Consumption

第 3 章

消費経済学の課題と方法

- 本章では，新たな消費経済学の基本的な課題と方法を明らかにする。まず，現代消費社会の構造変化として，①ネット社会の出現，②超高齢社会の到来，③地球規模でのサステイナビリティへの取組みという3点を指摘し，こうした構造変化に応じた新たな消費経済学の役割を明らかにする。

- さらに，伝統的な経済学の考え方と対比しつつ，新たな消費経済学の出発点として，①情報の非対称性，②限定合理性，③サステイナビリティを基本概念とすべきことを論ずる。情報の非対称性は，これまでも，経済学の基本テーマの1つとされて来たが，ネット社会の到来が消費者と企業の関係を大きく変化させ，市場における情報の問題に新たな課題を生じていることを指摘する。

- また，消費者や企業の行動を分析し，消費者トラブルを防ぐためには，限定合理性を前提として，行動経済学等の知見を活用しつつ，消費者被害の実態に即した実践的なアプローチを行うべきことを論ずる。

- さらに，消費者の市場での選択行動を通じて，サステイナビリティを目指すためには，消費経済学においても，生存の経済や自然の経済といった市場経済の外部性を取り込んだ体系化や調整プロセスが必要なことを明らかにする。

1 消費経済学の課題

1.1 消費者主権の確立

　市場経済システムでは，元来，消費者が主役であり，消費者の選択が企業の生産やサービスのあり方を決めるはずである。1934年，経済学者ウイリアム・ハット（W.H. Hutt）は，こうした消費者の立場に着目し，消費者主権（consumer sovereignty）という言葉を初めて用いた。だが，現実には，大企業の市場支配により消費者の選択が歪められることもしばしばである。市場において，消費者の優位が損なわれ，事実上の生産者主権となっていると言っても良いのかもしれない。ジョン・ケネス・ガルブレイスは，その著書「豊かな社会」の中で，大企業の広告，宣伝によって消費者の欲望が喚起される状況を「依存効果」（dependent effect）と呼んで警鐘を鳴らした。また，技術革新と大量生産，流通システムの普及の下で，消費者被害は一層拡大し，被害の実態も深刻化しつつある。こうした状況が続く中，消費者主権の重要性が広く認識されるようになり，消費者の権利の確立が大きな社会課題となった。

　1962年には，米国のケネディ大統領が「消費者利益保護に関する特別教書」の中で①安全である権利，②知らされる権利，③選択できる権利，④意見を反映させる権利の４つの消費者の権利を明らかにしている（**図表3-1**「消費者の権利」）。後に，フォード大統領が⑤消費者教育を受ける権利を追加し，消費者の５つの権利が確立されることとなった。わが国においては，1968年に消費者保護基本法が制定された。また，2004年には，消費者基本法が制定され，上記の消費者の権利が基本法に明記されること

図表 3 - 1 ◆ 消費者の権利

```
1  消費者の権利（Consumer Rights）
  ①  安全への権利
  ②  情報を与えられる権利
  ③  選択をする権利
  ④  意見を聴かれる権利
  ⑤  消費者教育を受ける権利
2  国際消費者機構（Consumers International）の 8 つの権利と 5 つの責任（1982
  年）
【8 つの権利】                          【5 つの責任】
  ①  生活のニーズが保証される権利        ①  批判的意識を持つ責任
  ②  安全への権利                       ②  主張し行動する責任
  ③  情報を与えられる権利               ③  社会的弱者への配慮責任
  ④  選択をする権利                     ④  環境への配慮責任
  ⑤  意見を聴かれる権利                 ⑤  連帯する責任
  ⑥  補償を受ける権利
  ⑦  消費者教育を受ける権利
  ⑧  健全な環境の中で働き生活する権利
```

（出所）　消費者庁『ハンドブック消費者2014』

となった。その間，製造物責任法や消費者契約法などの民事ルール，特定商取引法，不当景品類および不当表示防止法などの行政規制も整備され，消費者の権利の確立，被害の救済，予防などの取組みが行われている。では，消費者法制の整備が進む中で，経済学はどのような役割を担ってきたのだろうか。

1.2　消費者問題とこれまでの消費経済学の役割

これまで「消費経済学：Economics of Consumption」という用語は，関連するさまざまな学問領域において使われて来ており，統一的な概念が形成されるには至っていない。消費経済学の定義については，大別すると，①消費者の立場に立って，消費者問題，消費者行政を扱うもの，②家政学

的な視点に立つもの，③政府部門や企業部門の分析に対して，消費行動や家計などの経済分析を行うものなど，その拠って立つ学問的背景によって，いくつかの異なる研究領域が存在する。

とりわけ，深刻な被害が多発した消費者問題に関しては，消費者法的なアプローチに加えて，経済学的な観点からも，市場における企業と消費者の情報の非対称性や，企業の市場支配による生産者主権的な経済実態に着目して，社会制度，行政のあり方や企業行動などに関する研究が行われ，消費者被害の救済という実践的な課題の解決や消費者主権の確立に貢献してきたと言えよう。

伝統的な経済学では，消費者問題が生じる主な原因として，独占，寡占や，企業と消費者の間の情報の非対称性の問題などが挙げられてきた。独占，寡占など，企業間の競争が阻害される状況では，不当な価格のつり上げなどの問題が生じやすい。このため，独占禁止法等により，公正で自由な競争をめざして，競争政策が講じられ，市場の質が確保されることとなる。

また，企業と消費者の間の情報の非対称性も重要である。たとえば，製品や食品の製造工程や成分に関する安全などの情報などは，企業サイドの情報開示がなければ，消費者サイドではわからないものも多い。こうした情報の非対称性を解消すべく，表示制度，認証制度など，情報を有する者からのシグナリングが促進される。

こうした視点からの取組みは，今後とも重要であると考えられるが，本書では，以下，現代消費社会の構造変化や，行動経済学などの新たな知見をふまえ，消費経済学の基本的考え方や役割について改めて問い直してみたい。

1.3　現代消費社会の構造変化と新たな課題

　現代の消費者をめぐる社会環境は，急激に変貌を遂げつつある。こうした変化を特徴づけるものとして，ネット社会，超高齢社会などの動向が特に注目される。また，地球規模でのサステイナブルな社会の構築も課題となりつつある。これらの現代消費社会の構造変化の要因について，概観してみよう。

（1）　ネット社会の出現

　近年，電子商取引のような取引システムだけでなく，産業活動や消費者の選択行動に直接的な影響を与える AI や IoT などの分野の技術革新が急速に進んでいる。また，SNS などのソーシャルメディアの出現は，人々のライフスタイル，思考様式の革新をもたらしており，ネット社会は，新たな段階に入ったと言えよう。

　電子商取引は，消費者取引のシステムとしても社会に定着しており，インターネットによる B to C の取引額は13.8兆円（市場規模（物販系）全体の約5％程度）に及んでいる[1]。電子商取引の普及は，市場における消費者の利便性を飛躍的に向上させることとなった。他方，新たなシステムの急速な利用拡大は，"ネット依存社会"を生み出しつつあることにも留意しなければならない。

　スマートフォンを利用する消費者は，消費者全体の約6割[2]であり，年代別に見ると，20代の利用率が最も高く，約9割となっている。消費者庁のスマホゲームに関する調査[3]によれば，スマートフォン利用者のうち，

1　経済産業省（2016）「平成27年度わが国経済社会の情報化・サービス化に係る基盤整備（電子商取引に関する市場調査）」。
2　2016年2月調査（平成28年版情報通信白書）。

スマホゲームで遊んだ経験者は約7割，しかも年齢が低くなるほど，遊ぶ頻度が高くなる傾向が見られる。スマホゲームの1週間当たりの利用状況では，ほとんど毎日，スマホゲームを行う者が，全体の約7割となっている。また，1日当たり1時間以上遊んでいる者は全体の約3割を占めている。

スマホの出現は，コミュニケーションのあり方にも，大きな影響を与えている。若い世代を中心に，LINEなどのSNSが急速に普及している。他方，ツイッター，フェイスブック，インスタグラムなど，各種のソーシャルメディアをその活動に利用する政治家や芸能人などが出現し始めている。スマホやパソコンといった情報機器，それを利用したSNSの機能は，子供から高齢者まで，世代を超えた必須アイテムとなりつつある。良

図表3-2 ◆ シェアリング・エコノミーの5類型

シェアの対象	概　要	サービス例
空間	空き家や別荘，駐車場等の空間をシェアする。	Airbnb, SPACEMARKET, akippa
移動	自家用車の相乗りや貸自転車サービス等，移動手段をシェアする。	UBER, notteco, Anyca, Lyft, 滴滴出行
モノ	不用品や今は使っていないものをシェアする。	Mercari, ジモティー, air Closet
スキル	空いている時間やタスクをシェアし，解決できるスキルを持つ人が解決する。	Crowd Works, アズママ, TIME TICKET
お金	サービス参加者が他の人々や組織，あるプロジェクトに金銭を貸し出す。	Makuake, READY FOR, STEERS, Crowd Realty

（出所）　総務省「ICTによるイノベーションと新たなエコノミー形成に関する調査研究」（平成30年）。

3　消費者庁委託調査（2015）「インターネット消費者トラブルに関する総合的な調査研究」対象は，15歳以上の一般消費者（中学生を含む）。

い意味でも，悪い意味でもネット社会への"隷属への道"が始まっていると言って良いのかもしれない。

これまで，消費者は，商品・サービスの購買という行為を通じて，市場と関わってきた。その意味では，消費者は，市場においては受身の存在であった。ところが，ネット社会の拡大により，この消費者の伝統的な位置づけに大きな変化が生じている。ネットを通じて，さまざまな形で消費者が生産者と直接つながったり，消費者と生産者の区分があいまいな分野が出現しているのである。

たとえば，商品開発やコンテンツの企画に消費者が直接関わる事例が増加している。また，個人間でモノやサービスをやり取りするシェアリング・エコノミーがソーシャルメディアと結びついて急速に拡大してきている。世界のシェアリング・エコノミーの市場規模（金融，人材，宿泊施設，自動車，音楽，ビデオ配信の5分野）は，2013年には約150億ドルであったが，2025年には3,350億ドル（約39兆円）に成長すると見込まれる[4]。中古品の個人間売買，民泊，ライドシェアなど，P to P[5]をベースにした新たな市場が出現している。

消費者は，ネット社会の中で，受身の立場から，財やサービスの生産・流通に参画し，時には否応なく，そうした動きに巻き込まれているのである。その意味では，現代消費社会において，既成の消費者像は大きく変化しつつある。

（2）　超高齢社会の到来

よく知られるように，日本は先進諸国で最も高齢化率が高い。2015年の国勢調査，国連の調査によれば，日本の65歳以上の高齢者の割合は，

4　PwC（2014）「The sharing economy - sizing the revenue opportunity」
5　peer to peer の略語。インターネット利用者同士が直接情報を交換すること。

26.6%，次いでイタリア22.4%，ドイツ21.2%となっている。また，2050年には高齢者が37.7%を占めると推計されている（**図表3-3**「高齢化の推移と将来推計」）。これは，65歳以上の高齢者1人を生産年齢（15歳～64歳）の者が1.4人で支える計算である。また，65歳以上の高齢者の認知症についてみると，2012年には462万人，高齢者全体の約7人に1人であったが，2025年には675～730万人，約5人に1人となるとの将来推計もある（**図表3-4**）。

このような超高齢社会の到来により，高齢消費者のトラブルも新たな局面を迎えることとなる。国民生活センターによれば，2015年度の65歳以上の消費生活相談件数は，全体の約3割を占めており，認知症等の高齢者の消費者相談の件数は8,826件であった。認知症等の高齢者では，一般の高齢者と比べて，訪問販売や電話勧誘販売のトラブルに巻き込まれることが多いなどの特色がある。

高齢消費者や障がい者，若年者など判断能力が不十分な消費者は「脆弱な消費者」（vulnerable consumer）と呼ばれることがある。脆弱な消費者

図表3-3 ◆ 高齢化の推移と将来推計

	0～14歳	15～64歳	65歳以上	総数 （万人）	A.15-64 歳（%）	B.65歳 以上(%)	A/B
000	1,847	8,622	2,201	12,693	68.1	17.4	3.9
2010	1,680	8,103	2,925	12,806	63.8	23.0	2.8
2015	1,589	7,629	3,347	12,709	60.7	26.6	2.3
2020	1,507	7,406	3,619	12,532	59.1	28.9	2.0
2030	1,321	6,875	3,716	11,913	57.7	31.2	1.9
2040	1,194	5,978	3,921	11,092	53.9	35.3	1.5
2050	1,077	5,275	3,841	10,192	51.8	37.7	1.4

（出所）　平成30年版高齢社会白書，総務省「国勢調査」，「人口推計」（平成29年10月1日確定値），国立社会保障・人口問題研究所「日本の将来推計人口（平成29年推計）」に基づく。

図表 3 - 4 ◆ 認知症高齢者の推計

(単位：万人，（　）内は％)

	2012	2015	2020	2025	2030	2040	2050	2060
各年齢の認知症有病率が一定の場合	462 (15)	517 (15.2)	602 (16.7)	675 (18.5)	744 (20.2)	802 (20.7)	797 (21.1)	850 (24.5)
各年齢の認知症有病率が上昇する場合 (注2)	462 (15)	525 (15.5)	631 (17.5)	730 (20)	830 (22.5)	953 (24.6)	1,016 (27)	1,154 (33.3)

（注1）　福岡県久山町の65歳以上の認知症患者の調査に基づく推計値。
（注2）　2060年までに糖尿病有病率が20％増加すると仮定。
（出所）　平成29年版高齢社会白書（日本における認知症の高齢者人口の将来推計に関する研究（九州大学二宮利治教授）に基づく）。

の概念は，EU法などにおいて使われている言葉である。脆弱な消費者については，判断能力が不十分な消費者を特別な範疇の消費者として扱うのではなく，あらゆる消費者が持つ「状況的脆弱性」をふまえ，消費者を取り囲む環境やそれに対応した消費者自身の状況によって，消費における脆弱性が生じることに着目するものとすべきとの考え方が重要である。すなわち，消費者自身の身体的，精神的な行為能力を分類し，脆弱な立場にある消費者を後見人制度などにより，市場から「排除」（social exclusion）するという発想ではなく，脆弱な消費者の「社会的包摂」（social inclusion）を目指そうとする立場である[6]。このような立場に立てば，悪質事業者などが消費者の置かれた状況に「つけ込む」行為を市場から排除することが極めて重要となる。また，脆弱な消費者への見守りや支援も不可欠である。今後，認知症等の高齢者が急増する中で，社会的包摂を基礎とした，脆弱な消費者への対応が大きな焦点となって来ると考えられる。

　脆弱な消費者の概念については，法制面だけでなく，インターディシプ

6　菅富美枝（2018）『新　消費者法研究―脆弱な消費者を包摂する法制度と執行体制』参照。

第3章 消費経済学の課題と方法 55

リナリーなアプローチを必要とするものと言えよう。消費者の置かれた環境に依存する「状況的脆弱性」は，行動経済学的な分析が可能であると考えられる。また，脆弱な消費者への社会的な見守りや支援の背景には，前章の生存の経済の視点が必要である。その意味では，脆弱な消費者への対応は，消費経済学の新たな重要課題の1つであると考えられる（脆弱な消費者については第5章で詳述する）。

（3） 地球規模のサステイナビリティへの取組み

　地球温暖化に関しては，2015年，気候変動枠条約締結国会議（COP21）において，京都議定書以来18年ぶりにパリ協定が採択された。同協定では，「世界の平均気温上昇を産業革命以前に比べて2℃より十分低く保ち，1.5℃に抑えるよう努力する」などの目標が設定され，この目標に向けて，途上国を含むすべての主要排出国が自主的な取組みを行うとのアプローチが採用された。パリ協定は，2016年11月に，米国，中国などの批准を受けて発効することとなった（米国は，その後，トランプ大統領が2017年6月にパリ協定離脱を表明したが，米国の離脱が，実際に手続き上可能となるのは，2020年11月以降である）。

　パリ協定では，先進国のみに温室効果ガスの削減義務があった京都議定書とは異なり，途上国も温室効果ガスの削減に取り組むこととなっている。これは，今日，温室効果ガスの排出に占める途上国のウエイトが高まっており，協定の実効性を高めるためには，先進国と並んで途上国の削減努力が不可欠であると考えられるためである。ちなみに，2017年の温室効果ガス排出量のシェアを国別で見ると，中国が28.1％で1位，以下，米国15.5％，EU9.9％，インドが6.4％，ロシア4.5％，日本は3.5％（6番目）となっている[7]。

　わが国は，パリ協定に基づき，2030年度に温室効果ガスの排出量を2013

年度比で26％削減するという中期削減目標を定めている。温室効果ガスの削減は，産業部門，家庭部門，運輸部門，業務部門，エネルギー転換部門など，社会全体の省エネ，低炭素化を図る取組みが必要である。こうした取組みにおいては，政府や企業だけでなく，消費者の果たす役割が極めて大きいと考えられる。政府は，家庭部門や業務その他の部門等における地球温暖化の緩和策を推進するため，平成27年7月より，「COOL CHOICE」と名付けた国民運動を展開している。「COOL CHOICE」とは，温室効果ガスの削減目標達成のため，省エネ・低炭素型の①製品への買換え，②サービスの利用，③ライフスタイルの選択など，地球温暖化対策に資する「賢い選択」をしていこうとの取組みのことである。2030年の温室効果ガスの削減目標を達成するためには，家庭部門では，2013年比で39％の削減が必要となる。その意味では，省エネ，低炭素化を目指す消費者の主体的選択行動は，地球規模でのサステイナビリティの根幹をなすものとして位置づけられる。

　また，第2章で述べたSDGsは，国際社会の地球規模のサステイナビリティへの取組みの事例である。2017年11月，経団連は「企業行動憲章」を抜本的に改訂し，SDGsの理念を取り入れることとした。改定後の憲章では，「持続可能な社会の実現」を目標として明示している。憲章の主な改正点とSDGsの17の目標の関係は以下の通りである。

（主な改正点）

第1条　「イノベーションによる持続可能な経済成長と社会的課題の解決」を追加（目標9）

第4条　「人権の尊重」を追加（目標10）

第6条　「働き方の改革の実現」に向けて表現を追加（目標8）

7　平成29年度環境白書。

第3章　消費経済学の課題と方法　57

第9条　「多様化・複雑化する脅威に対する危機管理に対応」（目標16）
第10条　「サプライチェーンの行動変革」を追加（目標17）

　わが国産業界のSDGsへの取組みは，上記の経団連の企業行動憲章の改訂に止まるものではなく，すでに多くの上場企業において，SDGsの理念に沿った具体的な取組みが始まっている所である。

1.4　消費経済学の役割の変化

　ネット社会の出現，超高齢社会の到来，地球規模のサステイナビリティへの要請の高まりなどの構造変化の潮流の中で，消費者が直面する新たな課題が明らかになった。これをふまえ，消費経済学の今日的な課題について，改めて整理しておこう。

　もちろん，被害実態を見る限り，消費者被害の防止，被害の救済は，依然として基本的テーマである。それどころか，ネット社会の拡大は，さまざまな新手の消費者トラブルを引き起こしている。また，ガルブレイスが指摘した生産者主権型の取引構造や依存効果の問題も，グローバル化の進展やネット社会の拡大により一層，深刻化されることが懸念される。こうした問題に経済学的な視点から対応を検討していくことが基本課題であることは言うまでもない。しかしながら，消費経済学は，これまでの諸課題への対応に加えて，現代消費社会の構造変化に応じて，より積極的な役割を果たしていくことが期待されているのである。

　第1は，ネット社会の拡大により一変しつつある取引環境への対応である。これまで，市場において，受け身の存在であった消費者の位置づけがネット社会の出現により大きく変化しつつある。シェアリング・エコノミーでは，C to C（消費者対消費者）の関係が基本である。各種のプラットホームは，一定の役割を果たしているが，企業と消費者の情報の非対称

性自体が大きく変化していると言えよう。SNS などによって，消費者間での情報交流が進み，価格シグナルを基本とした市場の姿は一変しつつある。ネット情報（口コミ）が，消費者の判断を大きく左右する。コトラーも指摘するように，ネット社会の発達により，企業と消費者の垣根が低くなり，消費者の製品開発への参加や，消費者の自己実現と結びついた製品の供給が一般的となる可能性も大きいと考えられる。こうした変化をわれわれ自身がどう受け止め，対応していくのかが問われていると言えよう。

　ネット社会の拡大は，決してマイナスの面だけではない。消費者の利便性の向上，情報伝達手段の進化に伴う情報の非対称性の改善など，プラスの側面も見込まれる。前述したように，消費者が企業に働きかけ，新しい価値を共創することも可能となるのである。こうしたプラスの側面を活かしつつ，ネット社会の拡大にどう対応していくべきなのか，その具体的な道筋を明らかにしていかなければならない。そのためには，市場システム自体の構造変化を見極め，ネット社会に対応した新たな消費経済学を確立する必要がある。

　第 2 は，障がい者，年少者など，脆弱な消費者の問題である。超高齢社会の到来は，この問題を一層深刻なものとする。「お金」「健康」「孤独」など不安を抱える高齢者に対して，悪質業者は言葉巧みに近づき，年金や貯蓄などの財産をねらう。

　脆弱な消費者の問題は，ネット社会の問題とも，深く関係している。子どもから，老人まで，ネット社会は，暮らしの隅々まで，浸透しつつある。無防備な子供たちが，悪質な広告に晒されたり，オンラインゲームや SNS にはまってしまったり，ネット社会の弊害が顕在化しつつあるものの，その対策は大きく立ち遅れている。

　ノーベル賞を受賞した行動経済学者，ジョージ・アカロフとロバート・シラーは，自由市場が人間の弱みにつけ込む手口を，近著『不道徳な見え

ざる手』の中で，明らかにしている。彼らは，ネット社会においてPhish（釣り）（インターネット上で有名企業等になりすまし，個人情報を引き出して，オンライン詐欺を行うこと）とPhool（カモ）（Phishの被害者，心理面では，感情的な行動，認知バイアスに基づく行動をとってしまう人々，情報面では，情報操作された情報を信じて行動してしまう人々）の関係に言及し，市場主義的な考え方に警鐘を鳴らしている。「腐ったアボガド」を売りつけようとする悪質業者に対しては，法規制の強化だけでは対処が難しい。

　脆弱な消費者の置かれた状況を正しく理解し，状況的脆弱性に対応した適切な支援体制を確立していくことが求められているのである。高齢社会の到来，貧富の格差の拡大などの現代経済社会の課題の深刻化に伴って，社会的包摂の視点に立って，市場取引における「脆弱な消費者」を守る必要性が高まっている。生存の経済の意味が問われているのである。

　第3は，サステイナビリティの実現という社会的価値の選択がますます重要性を増して来ているということである。温室効果ガスの削減は，地球社会全体の課題と言っても過言ではない。サステイナビリティは，本来，市場経済システムに内在するものではない。従来の経済学では，主に外部経済の内部化，あるいは法規制など，市場の制度面の対応を通じて，問題の解決が図られてきた。こうした考え方では，市場における企業や消費者の果たすべき役割はあいまいなままである。企業の利益最大，消費者の満足最大という単純なモデルでは，問題解決は困難であると言わざるを得ない。

　サステイナビリティ実現のためには，その手段としての消費者自身の適切な選択行動が不可欠であると考えられる。上記のネット社会の拡大は，消費者が社会的価値を意識し，企業情報を検証しつつ価値選択型行動を取ることを容易にしつつある。こうした状況変化をふまえ，消費者は，受け

身の立場で，企業から与えられた商品・サービスを選択するだけでなく，積極的に，市場においてサステイナビリティなどの社会的価値を追求する役割を担っていかねばならないと言えよう。

2 | 消費経済学の新たな展開

2.1 消費経済学の基本概念

　現代消費社会の構造変化の下で，消費者が直面する課題に対処するためには，消費経済学は，伝統的な経済学の枠を超えた新たな発想を織り込んでいく必要がある。たとえば，行動経済学や心理学などの知見を活用して，悪質業者に騙されやすい消費者の状況を分析し，消費者トラブルを防止する実践的な方策を見出していくことは消費者被害の救済の観点から有効性が高い手法であると言えよう。また，ネット情報を活用した「情報の非対称性」の改善策なども考えられる。

　確かに，競争を促進し，市場の質を高めることは，消費者の利益という視点から極めて重要だが，競争市場のそもそもの前提は「経済人」であり，現実の消費者とは異なることに留意しなければならない。経済学の想定するような合理的行動のみを前提として，「賢い消費者」であることを求めることは，果たして，適切な消費者トラブルへの対処法なのだろうか。騙されるのが悪いと言ってしまえば簡単だが，個々の消費者の置かれた状況や消費者の心情をふまえることなく，問題の解決は図れない。

　また，消費者トラブルを法規制のみで解決しようとすると，規制の社会的コスト（行政コスト，司法コストなど）は極めて大きくなる。また，規制が厳格過ぎれば，自由な市場の取引が阻害されるおそれもある。とりわ

け前出のアカロフ，シラーの指摘する「腐ったアボガド」を売りつけようとする悪質業者の存在は，問題の解決を困難なものとするだけでなく，市場経済システムの機能を根本的に阻害しかねない。

　このような状況は，ネット社会，超高齢社会の中で，ますます深刻化することが懸念される。ネット社会，超高齢社会に直面し，サステイナビリティを目指す現実の消費者が，市場において適切な選択を行うことを可能とする基礎的な諸条件を明らかにすることが求められているのである。こうした問題へのアプローチこそが，消費経済学の今日的課題であると言えよう。

　以下，新たな消費経済学の出発点となる①情報の非対称性，②限定合理性，③サステイナビリティの3つの基本概念について解説したい。いわゆる「市場の失敗」（競争均衡，資源の最適配分（パレート最適）が達成されない状況）が生じるのは，①独占，寡占などの不完全競争，②外部経済，外部不経済などの外部性，③情報の非対称性などが原因であると考えられている。市場における競争促進策は，独占，寡占の弊害を除去しようというものである。ここでは，情報の非対称性，消費者の限定合理性，外部性としてのサステイナビリティの問題について取り上げることとしたい。

2.2　情報の非対称性

　経済学において理想的な競争均衡をもたらす完全競争市場を論ずる際には，消費者が財やサービスについての情報をすべて知っているという意味での「完全情報」が仮定される。しかしながら，現実には「完全情報」はあり得ない。多くのケースは不完全情報であり，企業と消費者の間には，商品・サービスに関して基本的な情報量の差が存在する。こうした状況を「情報の非対称性」（Information Asymmetry）と呼ぶ。従来，経済学において消費者問題を考える際には，「情報の非対称性」の改善が中心課題

とされてきた。

（1） 情報の非対称性とは

情報の非対称性は，財・サービスの性質によっても異なる。情報という観点から，財・サービスは，次の3つに分類される[8]。

① 探索財（Search Goods）：購入前に，特性や品質を観察・確認できる商品（たとえば，バック，靴やスーツ，果物の色，形）。

② 経験財（Experience Goods）：使用後に，初めて特性や品質が観察される商品（たとえば，バック，靴やスーツの耐久性，果物の味）。

③ 信頼財（Credence Goods）：購入・使用後にも，購入者が特性や品質を判断できない商品（たとえば，サプリメントや健康食品の効能については，消費者一個人が自分の経験に基づいて判断することはできない。一般的には，研究機関など，第三者の検証がなければ，効能を確認することは困難）。

企業と消費者の間に，情報の非対称性が生じるのは，主に経験財，信頼財のケースである。情報の非対称性が存在すると消費者の選択は適切に行われない可能性がある。この場合には，資源の最適配分が行われない（パレート最適ではない）状況，すなわち市場の失敗が生じている可能性が高い。

それでは，悪質業者の「だまし」（欺罔）（Deception）についてはどうだろうか。一般には，探索財では「だまし」は生じにくい。ただし，通信販売，電子商取引など，直接，製品の機能を確認できないケースでは「だまし」は生じ得る。経験財については，「だまし」は可能だが，同一の財やサービスについて，繰り返し消費者をだますことは難しい。ネットの口

---

8 以下の整理は，OECD（2010）消費者政策ツールキットに基づく。

コミやメディアでの評判，消費者団体の商品テストなどを通じて，「だまし」であることが分かれば，情報に接する消費者は，商品・サービスの購入を手控える可能性が高い。

　信頼財については，消費者はその有効性を自ら判断できないため，売り手の主張や第三者の検証等の情報に頼らざるを得ない。その意味では，「だまし」の被害にあう可能性を自ら排除することは難しい。健康食品に関連して，トクホや機能性食品の制度が設けられているのもこうした財・サービスの性質をふまえたものである。また，サービスについては，企業側の情報開示や第三者などによる認証制度などにより，情報の非対称性を改善する取組みが行われている。

（2）　レモンと逆選択

　前述のアカロフ[9]は，中古車市場でのレモン（俗語で“欠陥車”の意）の問題について論じた。中古車市場において，外見上，見分けのつかないレモンが混じって販売されると，車の品質について十分な情報のない買い手は，レモンをつかむリスクを考え，購入を手控えるようになる。その結果，市場での中古車の価格は下落し，質の良い車は市場に出回りにくくなる。レモンが増えると，価格はさらに下落し，やがて「悪貨が良貨を駆逐する（グレシャムの法則）」という言葉にもあるように，レモンばかりが市場に出回るようになってしまう。こうした状況を「逆選択」（進化論における自然淘汰とは逆に，望ましくないものが最後に残ってしまうという意味で，逆選択（逆淘汰）と呼んでいる）という。

　逆選択を避けるには，情報を有する側（売り手）が市場にシグナルを送る「シグナリング」が有益である。たとえば，無料修理保証付きの車を販

9　Akerlof, G（1970），"The market for lemons: quality uncertainty and the market mechanism", *Quarterly Journal of Economics* 84（3）: pp.488-500.

売すれば，買い手が無料保証付きの車の品質に安心感を抱き，逆選択は防止できる。逆選択を防ぐには，情報を持たない側の「自己選択」という方法も考えられる。情報を持たない側が，全員に一律の利用料金を課すのではなく，複数の料金体系や契約形態を示し，情報を有する側に自ら選択させる方法である。たとえば，自動車の損害保険で，保険料が一律だと逆選択が起きるおそれがあるが，保証の限度と保険料について複数のプランがあれば，事故のリスクが低いと思う者は，保証限度が低くても保険料が安いプランを選び，リスクが高いと思う者は，保険料が高くても，保証が充実しているプランを選ぶこととなると期待される。

（3） ネット社会と情報

ネット社会では，情報の非対称性に変化をもたらす可能性が示されている。確かに消費者はこれまでとは違って，多くの情報に接している。たとえば，ネットの口コミ情報は消費者の選択に大きな影響を与えている。ただ，情報の真偽を確認することは容易ではない。認証やマークについても，その信頼度やネット上でのセキュリティを高めていくことが急務となっている。

とりわけ，ネット社会においては，消費者の個人情報の保護の取扱いが極めて重要である。ネット上には，一見，無料（対価性なし）で利用できる情報が氾濫している。しかし，実は，消費者は，情報利用の対価として，自覚することなく（知らずに），その個人情報をシステム側（プラットフォーマー）に提供しているのである。ネット検索を行えば，特定の個人の趣味嗜好，場合によっては考え方なども，無料の情報取得の対価として記録されることとなる。これらの情報は，ビッグデータなどとして，プラットフォーマー自身や第三者に利用される可能性があるのである。

EUでは，域内の個人情報の保護を強化し，域内各国の規制を統合する

観点から，新たに2018年5月，GDPR（General Data Protection Regulation）が施行された。この規則により，個人データをコントロールする権利（データ消去権，データ可搬性の権利など）が強化されるとともに，EU域内の個人データの域外への持ち出しが厳しく制限されることとなった。この規則は，EU域内の個人データを取り扱う域外の企業や組織も対象とされている。わが国においても，ネット上の個人情報の保護に関しては，今後，制度の一層の強化が図られるものと見込まれる。ネットのシステムは便利さだけではないことも，消費者は自覚する必要があるのではなかろうか。

2.3　限定合理性

　新古典派経済学が想定する「経済人」（ホモ・エコノミクス）は，第1章にも触れたように，①合理的な判断と②自己利益の追求がその基本的前提となっている。しかしながら，消費者被害の実態をふまえると，合理的経済人の想定は，非現実的であり，消費者問題の解決にはあまり役に立たないことが明らかである。

　いわゆる振り込め詐欺の被害額は，警察庁が把握しているものだけでも，約375億円（2016年度）に及んでいる。振り込め詐欺の防止に関しては，官民を挙げた取組みが行われてきた。だが，現実には，銀行の係員や，時には警察官の制止を振り切って，大金を振り込もうとする高齢者が後を絶たない。確かに，詐欺の手口は年々巧妙化している。ATMで送金を行う際には，われわれは確認画面を目にするし，マスメディアを通じたキャンペーン，老人会での注意喚起，注意を促す掲示など，これまでさまざまな取組みが行われてきた。もし，消費者の行動が，経済人の想定通りなら，この問題がこれほど深刻化することはなかっただろう。現実の消費者は，合理性のみで判断するわけではなく，感情や心理，環境条件なども消費者

の意思決定の重要な要素となっている。たとえば，訳もなく行列のできる店を選んだり，芸能人の宣伝する商品に惹かれたり，現実の消費行動は，さまざまな心理的要因や環境条件に左右される。悪質業者は，こうした消費者の心理や感情の動きなどに，巧みにつけ込むのである。合理的な経済人の想定からは，こうした被害の姿は見えてこない。消費者行動やそれに基づく消費者トラブルを分析するためには，人間には認知能力の限界や自制心の欠如があることなどに着目し，「限定合理性」を基本とする行動経済学的な知見が有用であると考えられる。第5章では，限定合理性を前提とした新たな経済学の知見を応用して消費者問題を考えてみたい。とりわけ超高齢社会においては，認知症等の高齢者が悪質業者につけ込まれるようなケースも多発するようになると考えられる。また，高度情報社会が急速に進化する中で，ネットを利用する際に無防備な消費者も多く見受けられる。状況の脆弱性に着目しつつ，「限定合理的」な消費者に適切な支援を行うことが求められている。

　ところで，詐欺の被害にあった1人暮らしの老人が，ほとんど顔を出さない子供たちよりも，毎日のように気づかいする詐欺師にお金を渡してしまったというケースを耳にしたことがある。こうした事例では，もはや，高齢者をめぐる現代の家族問題の縮図という側面もあることに留意しなければならない。経済学的なアプローチだけでなく，消費者トラブルが生じる背景をより深く分析し，そこに生じた問題を丁寧に解決しなければ，振り込め詐欺などを含めて，被害の撲滅は容易でないかもしれないという気がしている。

2.4　サステイナビリティ

（1）　外部性と消費者問題

　寡占や企業の市場支配がなくても，市場は決して万能ではない。市場の

第3章　消費経済学の課題と方法　67

失敗として，よく知られるのは外部性の問題である。外部性とは市場での取引の相手方以外の者が影響を受ける状況である。外部性には，外部経済と外部不経済がある。公害や環境問題は，外部不経済の問題として指摘される。コストが適切に反映されていない，外部経済の例もある。スイスの家々の軒先には，花が飾られていて，道行く人の目を楽しませてくれる。われわれは，花の代金を支払う必要はないのである。

　ただし，外部性という概念は，必ずしもその範囲が確定できない。不快な騒音や悪臭のレベルは人によって異なる。極端な話，20世紀初めには，製鉄所の煙や蒸気機関車の煙は経済の成長を象徴するものであった。社会的価値に関する見方によって，外部性の範囲をどう設定するかは異なることに留意しておく必要がある。

　消費者問題としての外部性の例としては，SPM広告や電話勧誘がある。取引の当事者以外の消費者に一方的にメールが送りつけられる。あるいは，一方的な勧誘電話を聞かされるといった経験をお持ちの消費者の方々は多いのではないかと思う。これについては，不招請勧誘の規制が行われている。ただ，広告や一般的な訪問勧誘となると，一律にその権利を規制すべきかどうかは，議論の余地がある。広告や勧誘は，市場における情報提供手段として一定の役割を果たしているとの見方もある。

（2）　外部性とサステイナビリティ

　市場経済の外部性，とりわけ環境汚染などの外部不経済については，これまで，法規制などを通じた対応が行われてきた。排出権取引のように，一部，外部不経済を市場経済システムに内部化する試みもあるが，一般的な手法として確立しているとは言い難い。

　第2章で定義したサステイナビリティの概念は，現代社会の市場経済システムを中心とした考え方を転換し，生存の経済や自然の経済を市場経済

と両立，調和させようとするものである。前述の SPM 広告や悪質な電話
勧誘などは，「生存の経済」を脅かす行為である。生存の経済（暮らしの
経済）の循環の前提となる「個人が平穏に暮らす権利」は，インターネッ
トにおけるプライバシーの保護などと並んで，市場経済における「営業の
自由」という古典的な経済学の前提によって，一方的に蹂躙されてはなら
ないもののはずである。

　他方，温室効果ガスの排出の抑制は，「自然の経済」と「市場経済」そ
して「生存の経済」の調整プロセスとして捉えることができる。温暖化に
よるグローバルな異常気象などの発生は，自然環境の循環のメカニズムを
破壊するだけでなく，人々の生活に重大な影響を与え始めている。2018年
には，40度を超える猛暑や風水害が，日本各地を襲った。温室効果ガスの
削減は，前述のように産業部門，家庭部門，業務部門，エネルギー転換部
門など，各部門の取組みを必要としている。すなわち，市場経済による経
済活動の中で発生する温室効果ガスの削減に加えて，ライフスタイルの見
直しなど，生存の経済（暮らしの経済）の循環についてもその在り方を考
えなければならない状況なのである。

　以上のように，消費経済学が，情報の非対称性や限定合理性，サステイ
ナビリティなど，完全競争を軸に展開されてきた伝統的経済学の世界では，
議論の正面に据えてこなかった領域を研究する学問であることはご理解い
ただけたと思う。次章では，これらの領域の課題解決に当たって重要な役
割を果たす「企業」について，限定合理性を前提とする取引コスト論の考
え方を援用しつつ，その本質を考えてみたい。

◆ 参考文献

Akerlof, G.A, and R.J.Shiller (2015), *Phishing for Phools*：*The Economics of Manipulation and Deception*：Princeton University press（山形浩生訳（2017）『不

道徳な見えざる手—自由市場は人間の弱みにつけ込む』東洋経済新報社）

Boush,D.M., M.Friestad, and P.Wright（2009），*Deception in the Marketplace*：*The Psychology of Deceptive Persuasion and Consumer Self-Protection*：Taylor and Francis Group LLC（安藤清志，今井芳昭監訳（2011）『市場における欺瞞的説得—消費者保護の心理学』誠信書房）

Galbraith,J.K（1958），*The Affluent Society*：Houghton Mifflin Company（鈴木哲太郎訳『ゆたかな社会』岩波書店）

OECD（2010），*Consumer Policy Toolkit*：OECD publishing

呉世煌，西村多嘉子（2005）『消費者問題』慶應義塾大学出版会

佐藤方宣（2009）『ビジネス倫理の論じ方』ナカニシヤ出版

鈴木康治（2012）『消費者の自由と社会秩序』社会評論社

菅富美枝（2018）『新　消費者法研究—脆弱な消費者を包摂する法制度と執行体制』成文堂

日本消費経済学会（1993）『消費経済学総論』税務経理協会

樋口一清，井内正敏（2007）『日本の消費者問題』建帛社

Introduction to Economics of Consumption

第4章

企業の役割

- 本章では，企業の役割について考える。取引コスト論によれば，不完全情報および限定合理性の下では，市場メカニズムだけでなく，市場におけるルールの設定（法規制）という補完的な機能の存在により，資源の最適配分や衡平が達成される。
- この問題は，ネット社会における市場や企業の役割を考える際も重要な意味を持つ。ここでは，特に，法規制の一類型としてのソフトローや，新たな企業形態としての社会的企業に注目する。
- 今日，サステイナビリティを実現するためには，ハードローだけでなく，市場におけるルールの一端を担う，自主ルール，ガイドラインなどのソフトローの役割が大きいと考えられる。
- また，企業が，単なる生産要素を生産物に変え利益を生み出す組織ではなく，経済的価値と社会的価値（社会的責任）を実現する存在であるとすれば，これらの価値を同時に追求する社会的企業という企業形態も，サステイナビリティの実現において重要な役割を担うと考えられる。
- 本章では，企業の本質を理解するために，ソフトローの具体的な展開の状況や，各国における社会的企業の拡大の動きについても概観する。

1 企業システムと取引コスト

1.1 限定合理性，不完全情報と取引コスト理論

　「取引コスト[1](transaction cost)」の理論は，ロナルド・コース，オリバー・ウイリアムソンらによって，提唱された考え方である。取引コスト論の前提は「限定合理性」「不完全情報」であり[2]，情報の収集，処理，伝達等に制約のある限定合理的な者同士が市場で取引を行う際には，さまざまな取引コストが発生することが明らかにされている。コースによれば，「市場取引を実行するためには，次のことが必要となる。つまり，交渉をしようとする相手が誰であるかを見つけ出すこと，交渉をしたいこと，およびどのような条件で取引しようとしているのかを人々に伝えること，成約にいたるまでにさまざまな駆引きを行うこと，契約を結ぶこと，契約の条項が守られているかを確かめるための点検を行うこと，等々の事柄が必要となる[3]」とされる。つまり，取引コストは，市場における「①情報と探索，②交渉と意思決定，③契約の実施と監視」の費用[4]と定義することができる。

　コースは，「企業」とは，市場における取引コストを節約するための組

1　取引費用と訳す場合もある。コースの当初の論文では，transaction cost の表現は用いられていない。コース自身は，marketing cost（市場利用の費用），cost of marketing transactions（市場取引の費用）などと呼んでいた（コース訳書 8 頁）。

2　ウイリアムソンの取引コストのモデルでは，限定合理性（bounded rationality）の他，機会主義（opportunism 的行動）を仮定している。なお，消費経済学の基本概念である「情報の非対称性」は，市場における「不完全情報」の一部として捉えることができる。情報の非対称性は，企業サイドよりは，消費者サイドに生じやすい。

3　コース訳書（1992）8 - 9 頁。

4　*ibid.*（1992）9，244頁。

織であると定義する。すなわち，市場における取引コストと自社の組織内の取引コストを比較して，組織内の取引コストが安上がりである場合に，「組織」としての企業が成立するとしている。たとえば，従業員の雇用について考えてみよう。企業が従業員を雇用するのは，労働者とその都度，労働条件や業務内容に関する契約を交わす手間をかけるより，雇用契約を結んで，一定期間，継続的に企業の業務に従事してもらう方が企業にとってコストが掛からないためである。これは，組織の取引コストが，市場の取引コストより安上がりであることを意味している。実際，企業に一旦雇用されると，雇用契約の内容に従って，基本的には組織の指示通り働かなければならない。ブラック企業は，雇用契約を悪用し過酷な労働を強制する組織であると言えよう。

　また，製造プロセスを内製化すべきか，アウトソーシングすべきかといった問題についても同様である。市場における取引コストが割安であれば，部品や材料，サービスをアウトソーシングした方が有利だし，取引コストが割高であれば，製造工程を内製化した方が良いことになる。この考え方に立てば，企業の組織のあり方やその範囲も，取引コストの概念で説明できることとなる。

　ところで，取引コストの概念は，市場における組織のあり方を示すという意味では，企業サイドだけでなく，消費者サイドにも関係している。生活協同組合などにおいて，市場における組合員個人の取引コストに比べて，組織の取引コストが割安であれば，組合制度が活用されることとなる。また，組合のように明確な法制度の形を取らないブランド品の集団購入などのケースについても，商品情報収集，購入関連経費などの取引コストが節約されれば，ブランド品購入仲間の組織（ピア・グループ）などが形成される可能性がある[5]。

1.2 摩擦のない世界

　他方，新古典派経済学の想定する完全競争市場においては，完全情報に基づいて合理的に行動する経済人の間には取引コストは発生しないとされている。スティグラーは，取引コストゼロの世界を，「摩擦のない世界」にたとえている[6]が，取引コストの本質を示すものとして興味深い。完全競争という摩擦のない世界では経済学的に成り立つとしても，現実の世界では，別の結論になることが多いのである。

　確かに，経済学が生まれた当初は，この摩擦のコストは，さほど大きくなかったのではないかと推察される。取引において，一般的に，交渉や契約のための経費は小さかったから，ほとんど取引コストを生じないモデルを考えても，非現実的でなかったかもしれない。しかし，今日，取引に要する契約の費用等は極めて大きなものとなっているのである。

　ネット社会における取引コストの問題は，一層複雑さを増す。企業間の電子商取引（B to B）の出現により，取引コストの節約が可能となったため，アウトソーシングを活用する企業が増加し，企業の形態（規模，範囲）にも影響を与えつつある。消費者対企業，消費者対消費者，企業対企業などの間での，情報を中心とした取引コスト全般が大幅に低下したため，オンライン・プラットフォーマーなど，新しい企業形態も出現している。ただし，ネットを通じた取引は，現状では，取引方法やシステムそのものに一定のリスクを抱えていると言わざるを得ない。企業がアウトソーシングを選択する場合には，このリスクに関連する取引コストをどう考慮するのかが重要な要素となると言えよう。また，GAFA（Google, Apple,

---

5　菊澤研宗（2006）36頁，「ブランド商品を購入する女性ピア・グループの取引コスト理論分析」参照。
6　コース訳書（1992）16頁。

Facebook, Amazon.com）などに代表されるオンライン・プラットフォーマーに関しては，その市場支配力の大きさや個人情報の集中などに関して，さまざまな懸念や課題も生じている（オンライン・プラットフォーマーについては，第5章に詳述）。

1.3 コースの定理と法規制の意義

　取引コスト論を通じて，市場における法規制の存在意義が明らかにされる。環境に関する「有害な影響（harmful effects）[7]」の調整プロセスを論じた，いわゆる「コースの定理[8]」は，2つの内容により構成される。すなわち，(i)完全競争下において，取引コストゼロの場合には，企業の賠償責任の有無にかかわらず，取引を通じて効率的な資源配分が達成されるが，(ii)取引コストが存在する現実のケースでは，企業の責任を明確化するルールが適切に設定されなければ，資源の効率的配分が達成されなくなる恐れがあるという点である。

　コースの定理の意義について，ポリンスキー（A. Mitchell Polinsky）は，工場のばい煙による住民の洗濯物の汚染を例に解説を行っている。以下，ポリンスキー（1983）に基づいて，コースの定理を説明しておこう[9]。

　たとえば，**図表4－1**にあるように，取引コストのない世界では，企業に不法行為上の損害賠償責任があるか否かにかかわらず，ばい煙の排出による住民の洗濯物の汚染被害の防止に関して効率的な資源配分（＝企業側のばい煙防除設備の設置）が実現する。仮に，企業が，従来から一定濃度のばい煙の排出について権利を認められており，損害賠償責任がないとしても，住民側が負担をして，企業に防除設備を設置するよう求めることが

7　コースの表現。コース訳書（1992）29頁参照。
8　「コースの定理」の名称は，スティグラーが名付けた。
9　ポリンスキー訳書（1989）。

第 4 章　企業の役割　77

図表 4 - 1 ◆ ポリンスキーの事例

公害被害への対応		㈤取引費用がゼロのケース		㈥取引費用（300ドル）が存在するケース	
環境利用権の帰属		(a)住民側	(b)工場側	(a)住民側	(b)工場側
対応方法の選択（費用）	(i)被害金額の補償・負担 (75ドル× 5 人＝375ドル)	375ドル （住民への補償）	375ドル （住民の負担）	375ドル （住民への補償）	375ドル （住民の負担）
	(ii)工場煙突への煙遮断装置設置(150ドル)	<u>150ドル</u>	<u>150ドル</u> （住民側が費用負担）	<u>150ドル</u>	150ドル＋300ドル （住民側が費用負担）
	(iii)住民側の室内乾燥機購入 (50ドル× 5 人＝250ドル)	250ドル	250ドル	250ドル＋300ドル （工場側が費用負担）	<u>250ドル</u>

（出所）　A.M.Polinsky（1983）に基づき，筆者作成。

（事例の説明）

⑴　取引費用がゼロのケース：環境利用に関する権利が住民に帰属する場合には，住民は最も費用の安い(ii)を選択。権利が工場に帰属する場合にも，住民は150ドルを払って(ii)を選択することが最も有利。どちらも，(ii)が選択されることとなるため，社会的な最小費用，すなわち資源配分の最適配分が実現。

⑵　取引費用が存在するケース：住民に権利がある場合には，(ii)が選択されるが，工場に権利がある場合には，住民は取引費用300ドルを考慮すると，250ドルを払って，社会的に非効率な(iii)を選択せざるを得ない。これを防ぎ，資源の最適配分を実現するには，法規制により住民側の権利を認めることが必要。

できれば，効率的な資源配分が達成される（ただし，ばい煙防除設備の負担は，所得分配面で違いを生じる）。他方，弁護士費用や交渉費用など，取引コストが大きいケースでは，取引コスト次第で，住民が，各家庭に室内乾燥機を設置することとなることから，企業側のばい煙防除設備の設置という最適な資源配分が実現しない可能性がある。この場合には，企業に

損害賠償責任を負わせるルールを設定すること（法規制）により，効率的な資源配分を確保する必要がある。

　取引コストのない世界は，摩擦のない世界と同様，非現実的であり，取引コストの大きな現実の市場において効率的な資源配分を達成するためには，ルールの設定（法規制等）が重要であることがわかる。コースの定理に関しては，これまで，経済学の教科書では，しばしば，前段の取引コストゼロのケース（上記(イ)のケース）のみが紹介されることが多かったが，実はコース自身も述べているように，この定理の本質は，後段の取引コストが大きいケース（上記(ロ)のケース）におけるルールの設定にある。市場経済システムにおけるルールの設定（法規制等）は，コースにより，取引コストが存在する下での資源の最適配分を実現するための手段として，その理論的な意義が解明されたのである。

1.4　市場におけるルール（法規制）と効率性，衡平

　取引コストの存在を前提とした現実の市場におけるルールの設定（法規制等）は，最適な資源配分を達成するという意味での効率性（Efficiency）に関与するだけでなく，個人間の所得の分配という意味での衡平（Equity）にも関与していることは明らかである。前出のポリンスキーは，法規制の役割としての効率性と衡平について次のように述べている。

In other words, efficiency corresponds to "the size of pie," while equity has to do with how to it is sliced. Economists traditionally concentrate on how to maximize the size of the pie, leaving to others—such as legislators—the decision how to divide it.[10]

　本書では，市場における①情報の非対称性，②限定合理性，③サステイ

10　Polinsky (1989) p.7.

ナビリティに着目して議論を展開しているが，消費者と同様，企業においても，こうした視点は，極めて重要であると考えられる。市場における（情報の非対称性を含む）情報の不完全性，限定合理性は，取引コストを生じることから，効率性の観点からのルール（法規制等）の必要性を明らかにしてくれる。法規制等の存在は，資源の最適配分を実現するという意味では，市場メカニズムを補完する役割を果たしているとも言えよう。他方，市場におけるルールの設定は，衡平の視点を含んでいる。

　サステイナビリティは，衡平（所得分配）に関わる概念である。サステイナビリティは，市場経済システムにおいて当然に実現するものではない。第2章で論じた3つのサブ経済システムの間の調整のプロセスは，市場経済システムの側から捉えれば，取引コストとして理解することが可能である。調整を円滑に実現し，資源の最適配分や所得分配を達成するためには，ルールの設定（法規制等）が重要な役割を果たすこととなる。その意味では，現実の経済においては，伝統的な経済学の視点だけでなく，「法と経済学」（Law and Economics）の視点が重要であると考えられる。

　サステイナビリティとルール設定の関係を考えてみよう。まず，企業と消費者がサステイナビリティに関する社会的価値を共有する必要がある。こうした社会的価値観が，社会規範に反映し，市場におけるルールとして具体化することとなる。とりわけ，市場におけるルールの設定に際しては，法規制だけでなく，企業活動に焦点を当てたソフトローの役割が大きいと考えられる。こうしたルールの設定を通じて，市場における効率性と衡平，サステイナビリティが実現することとなる（**図表4-2**）。

　また，取引費用が発生する現実の市場において，法規制等のルールの設定が最適な資源配分や衡平を達成するという考え方は，消費者政策におけるルール整備の意義を明らかにすることとなると考えられる。この点については，第6章において論ずることとしたい。

図表 4 - 2 ◆ 市場における法規制の役割

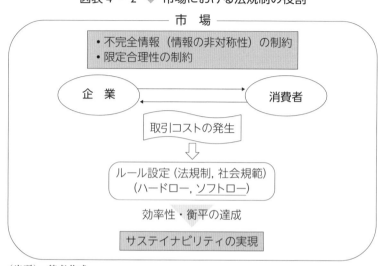

（出所）筆者作成。

2 企業の社会的責任

2.1 企業の目的は利益を上げることだろうか？

　新古典派経済学では，企業とは，基本的には，生産要素を生産物に変換し，利益を生み出す経済単位として捉えられている。こうした捉え方の延長線上には，企業の目的は利益を生み出すことだとの見方が存在する。他方，取引コスト論の立場では，企業とは，市場での取引コストがかさむとき，そのコストを組織化によって節約することにより存在を合理化されるものであるということができる。取引コスト論からみると，企業とは，経済的利益を上げるための道具であるとの見方には疑問が生じる。たとえば，企業の業務が直接の経済的利益につながらないとしても，市場での取引コ

第4章　企業の役割　81

ストと組織内取引コストを比較して，組織化が有利であれば，そうした業務を企業が行うことには合理性があると言えるのではなかろうか。

　「企業の社会的責任」（CSR；Corporate Social Responsibility）という言葉があるが，企業が，経済的責任（役割）に加え，どの程度，社会的責任（役割）を負っているのかという点については，これまでも，意見が分かれている。

　経済学者のミルトン・フリードマンは，「企業の社会的責任」（CSR）を否定し，「私的所有に基づく自由企業体制の下では，企業の経営者とは企業の所有者の雇われ人である。経営者は自分の雇い主に対して直接の責任を負っている。その責任とは，雇い主の欲求に従って企業を運営することである。また，一般に雇い主の欲求とは，法律や倫理的慣習で具体化されている社会の基本的なルールを守りつつ，できるだけ多くのお金を稼ぐことである」（傍点，筆者）と主張した[11]。フリードマンは，株主は，一般に，企業経営者に対し利益を上げ，配当することを望むとしている。フリードマンのこの考え方は，新古典派経済学の企業観を代表するものであると言って良いかもしれない。たしかに，企業が生産要素を生産物に変換し利益を生み出す経済単位であるという考え方を突き詰めていけば，CSRは企業の役割として合理性を欠いたものとみなされることになる。ただ，こうした考え方には前提があることに注目してほしい。それは，傍点をつけた「一般に」（generally）という言葉である。企業の本質が取引コストを節約するためのものという前提の下で，一般とは異なり，もし，株主が利益に代えて企業に一定の社会貢献を求めるとすれば，企業が，組織を用いて社会的責任を果たしたとしても，上記のフリードマンの主張とは矛盾がないと言えよう。今日においては，多くの企業は，むしろ，一般に一定の

11　加藤尚武監訳（2005）『企業倫理学1』84頁，原文は，Milton Friedman（1970）"The Social Responsibility of Business is to Increase its Profits" *The New York Times Magazine*。

82

社会的責任を果たすことを，株主や，顧客としての消費者，投資家などの
ステークホルダーから強く求められており，それは，取引コストを節約す
る存在としての企業の本質と決して相容れないものではないと考えられる。
企業が利益を上げるための道具だという見方は，むしろ経済学の作り上げ
た神話の１つと言ってよいのかもしれない。

2.2　経済的価値と社会的価値

　第２章では，サステイナビリティと「市場経済」「生存の経済」「自然の
経済」の３つのサブ経済システムの考え方を紹介した。市場経済は経済的
価値を生むが，生存の経済や自然の経済は社会的価値を生むと考えられる。
サステイナビリティを実現するためには，この３つのサブシステムを調和
させ，経済的価値と社会的価値を創出するシステムが求められることとな
る。前述の３つの経済の提唱者，ハート教授は，企業が果たすべき役割を
重視し，「持続可能性を実現するための資源，技術，グローバルな活動範
囲，そして意欲を備えた組織は企業しかない[12]」こと，企業が「地球全体
を事業活動の場ととらえたうえで，自分たちが社会問題や環境問題の解決
を担うこととなるのか，そうした問題を起こす側となるのかを問われなけ
ればならない[13]」としている。ハート教授も指摘するように，企業は，こ
うした役割を担い得る存在であると考えられる。ところが，これまでの所，
企業は，経済的価値を生み出すための組織として理解されることが多かっ
た。企業の社会的責任の考え方は，市場経済システムの下では，企業の組
織としての役割として，明確な位置づけを有しているとは言い難かったの
である。

　ハーバード大学のポーター教授は，フリードマンのCSR否定論の主張

12　スチュアート・ハート（2005）訳書116頁。
13　*ibid.* 121頁。

について，その根底にある２つの前提の問題点を指摘している。１つは，企業にとって，「経済的目標と社会的目標は明確に区分されており，社会的支出は経済的業績を犠牲にする」という前提である[14]。いわば，企業の生み出す経済的価値と社会的価値は，トレードオフの関係にあり，社会貢献を行えば，利益がその分だけ減ってしまうという常識に対して，ポーターは，疑問の目を向けたのである。実際の企業活動においては，このトレードオフ関係は必ずしも成り立っておらず，社会貢献が長期的利益につながる，いわば一石二鳥のケースも多数存在する。

　もう１つは，企業が「社会的目標に取り組む場合でも，個人の寄付者が提供する以上のメリットを提供できるわけではない」との前提である[15]。企業の組織を用いた社会貢献などの社会的価値の創出は，株主等の個人的な社会貢献に比べて効率的，効果的であると考えられるケースも多い。フリードマンは，企業が株主の意思に反して社会貢献活動を行うことは許されないとした上で，社会貢献活動が必要であれば，株主が，市民の立場で，配当を基に活動を行うべきとしている。しかしながら，一般的には，組織（企業）による取組みの方が，個人の取組みと比べ，取引コストが節約されることとなる可能性が極めて高い（もちろん，マイクロソフト社の創始者であるビルゲイツが，ビル＆メリンダゲイツ財団を創設して，膨大な個人財産を基に，社会貢献活動を行っている例はあるが）。要するに，企業の関係する部門のスタッフやノウハウなどをうまく使うことができれば，より効率的な社会貢献が行えるという事実をどう評価するかという問題である。

　ポーターは，上記の２つの前提に関して，フリードマンを始めとした新古典派経済学者の主張は正しいとは言えないとして，CSV（共通価値の創

14　ポーター（2002）「競争優位のフィランソロピー」（邦訳27頁）。
15　*ibid.* 27-28頁。

84

造）という概念を提唱した。ポーターは，新古典派経済学では，安全や障がい者の雇用など，企業にとっての基本的な社会基盤の整備は，利益最大化への制約要因とみなされており，いわゆる「外部性」に関しても，企業が本来負担しなくてよい費用との認識に基づいて「内部化」に関する法規制や課税の意義が捉えられていると指摘する[16]。これまで，新古典派経済学の見方が企業の戦略を方向づけ，その結果，企業側は，利益を損なうと考えられる基盤整備や規制，制約に抵抗してきたのである。

　他方，ポーターは，企業は本業の中で，経済的価値と社会的価値の創造を同時に達成すること，すなわち「共通価値の創造」が可能であり，こうした取組みは，企業活動の基本をなすものであると結論づける。ここでは，ポーターの論文に基づいて，本業を通じて経済的価値と社会的価値が同時に実現した具体的な事例を紹介しておこう。ポーターは，トヨタのハイブリッドカー・プリウスが，環境という社会目的を達成すると同時に本業に貢献していることを度々指摘している。また，コーヒーの大手，ネスレがインドのパンジャブ州モガにおいて，水牛の死亡率を低下させる衛生指導やその飼料の品質向上に関する支援を行った結果，生乳調達を効率的に実現できただけでなく，農民の購買力向上により市場の拡大にもつながったケースや，ネットワーク機器メーカーのシスコシステムズが「シスコネットワーキングアカデミー」により米国内外の中・高校生のネットワークに関する教育を支援した結果，自社に優秀な人材を集めることが可能となったケースなどを紹介している。

　また，欧州委員会などのCSRの定義においても，CSRは，本業に，環境と社会課題（雇用など）を統合するものとして捉えられて来ている。欧州委員会の定義を紹介しておこう。

16　ポーター（2011）「共通価値の戦略」邦訳12頁。

①欧州委員会は，2001年，以下の通り CSR の定義を明らかにしている。

CSR is: "a concept whereby companies integrate social and environ-mental concerns in their business operations and in their interactions with their stakeholders on a voluntary basis."

（和訳：企業が，社会および環境についての問題意識を，自主的に自社の経営及びステークホルダーとの関係構築に組み入れること）

②その後，欧州委員会は，「CSR に関する EU 新戦略2011-2014」において，CSR は，"the responsibility of enterprises for their impact on society"（企業の社会への影響に対する責任）であるとした上で，企業が社会的責任を果たすためには，「法令遵守や労働協約の尊重だけでなく，あらゆるステークホルダーと密接に協働しながら，社会，環境，倫理，人権に関する問題や消費者の懸念を自ら事業活動や事業の中核的な戦略に統合しなければならない」としている[17]。

以上のことから明らかになるのは，企業が，経済的価値だけでなく社会的価値の創出にも役割を果たすべきだとの考え方である。企業は利益を生み出す道具としてのみ存在しているわけではない。企業という組織をどう活用するかは，消費者を始めとした社会の側が決めていかなければならないと考えられるのである。企業のサステイナビリティへの取組みは，こうした企業の本質に適ったものであると言うことができるのである。

17　A renewed EU strategy 2011-14 for Corporate Social Responsibility および駐日欧州委員会代表部（2013）*Europe magazine Vol.20* に基づく。

3 | ソフトローの役割

3.1 市場のルールとしてのソフトロー

ただ，現実の企業活動において，経済的価値と社会的価値を継続的に実現していくことは決して容易なことではない。ポーターのCSVの考え方は，本業において，ビジネス戦略として，社会的貢献を同時に実現することであるが，前述の事例からも明らかなように，企業においてCSVが可能な領域は，限られていたり，偏っていたりすることも予想される。社会が本当に必要としている企業の貢献が，個々の企業の本業とどの程度関連づけられるのかといった点は，あいまいなままである。CSVに対する批判もこの点に集中していると言えよう。

では，企業はどのような形で社会の要請を把握し，これを，競争条件を大きく損なうことなく事業の中に取り入れることができるのだろうか。この点に関しては，市場におけるルール（規範），とりわけ「ソフトロー」と呼ばれる社会規範の設定が重要となってくる。

企業が従う規範は，法律，条例など，裁判所でその履行が強制（エンフォース）される規範としての「ハードロー」と，企業の自主ルールなど，裁判所によりエンフォースされない規範としての「ソフトロー」に分類することができる[18]。企業が社会的価値を実現するプロセスでは，CSRが規範化され，ソフトローとして機能している領域が重要であると考えられる。ソフトローとしてのCSRが，自社内の抽象的な倫理要綱（code of

---

18 藤田友敬編（2008）『ソフトローの基礎理論』有斐閣。

ethics）や行動規範（code of conduct）に止まっている場合には，その効果も社内の限定的なものとならざるを得ない。ただし，企業がコンプライアンス経営の観点から「自主行動基準」を作成・公表し，消費者を始めとしたステークホルダーに，自らの経営姿勢を明確に伝えることとなれば，その社会的意義は，より鮮明となると言えよう。

　他方，ソフトローとしてのCSRが，①業界団体，経済団体などの自主ルールやガイドライン，②サプライチェーンのCSR調達基準，③グローバルな規格，認証基準などとして規範化された場合には，その機能はさらに高まると考えられる。

　業界団体の策定したルールが，各社の規範として遵守されれば，同業他社との間で，CSRの実践，すなわち社会的価値の創出に伴う自社の競争条件の悪化への懸念が回避できることとなる。このことは，株式会社の経営者が直面する「株主の利益最大化」という命題にも背馳しないことを意味している。企業の競争条件の観点からは，一般的には，無差別で，グローバルなルールであれば，より望ましいということになる。たとえば，電子商取引の分野では，こうしたグローバルな規範の整備が各国企業を中心として進められている。

　その意味で，社会規範としての性格を有するソフトローは，社会的要請と企業の経済活動を調和させるガイドラインの役割を担っていると考えられる。後述するように，取引コストの観点からも，合意形成が容易でないハードローに比べて，業界団体，国際機関やサプライチェーンなど，組織のネットワークを通じたソフトローの形成は，一般的にコストが低く，また，機動性，弾力性に富んでいることは明らかであり，市場，とりわけグローバル市場におけるルール形成の手法として注目されている。

3.2 自律的秩序のインセンティブ構造

ソフトローなどの社会規範が形成され、規範が遵守されるメカニズムは、市場における「自律的秩序」形成のプロセスの1つと考えられる。企業が、自律的秩序を守ろうとする、すなわち一定のソフトロー（社会規範）を遵守しようとする経済的な動機に関しては、藤田・松村（2008）により、「短期的には不利益を被っても、長期的には利益となる」、「自主規制などへの参加自体が、消費者サイドの判断の際のシグナルとなり、取引で有利な状況が生じる」という2つの「インセンティブ構造」が存在することが明らかにされている[19]。

前者については、ゲーム論の考え方を応用できる。トリガー戦略を前提として、各企業の利得構造を明らかにすると、割引因子がある程度大きい時、各企業には自律的秩序を維持する誘因が強く働くこととなる。割引因子のレベルは、自律的秩序に従わなかったときの「短期的利益の増加」と「長期的な利益の減少」の2つの要因に依存して決まるとされる。

後者は、情報の非対称性を解消するための「シグナリング」を自律的秩序形成のインセンティブとして捉えるものである。企業と消費者の間に情報の非対称性が存在し、「逆選択」が生じるおそれがある場合に、企業が、たとえば、製品安全、品質、環境などの分野での自己規制ルールに参加すれば、当該企業への消費者の信頼感が高まることとなる可能性が高い。すなわち、自己規制ルールなどの自律的秩序は、情報を持たない消費者への「シグナリング」の役割を果たしていると考えられる。とりわけ、サービス関連の業種では、消費者が製品の品質を直接、確認することが困難なため、業界レベルでの優良サービス認証制度などのシグナリングが重要な役

---

19 藤田友敬，松村敏弘（2008）「自立的秩序の経済学」（藤田友敬編『ソフトローの基礎理論』有斐閣，14頁）。

割を果たすこととなる。

　市場において，上記のような自律的秩序形成のインセンティブが存在する場合には，経済的な動機によってソフトローの形成が進むこととなる。こうした市場の特性をふまえて，ソフトローの形成を促していくことが，市場機構のパフォーマンスを高めることにつながると考えられる。

3.3　ソフトローとサステイナビリティ

　企業が，その事業活動の中で経済的価値だけでなく，社会的価値，とりわけサステイナビリティを追求すべきとの考え方は，サステイナビリティに関する国際的な社会規範の普及などにより，内外の企業に着実に浸透しつつある。

　国連「グローバル・コンパクト」（UN Global Compact）は，企業の事業活動におけるサステイナビリティに関連する国際的なイニシアティブ（ガイドライン）の先駆けとなるものである。グローバル・コンパクトは，1999年1月，スイスのダボスで開催された世界経済フォーラムにおいて，当時のコフィー・アナン国連事務総長が，グローバル企業の経営リーダーに対し，「人権」，「労働基準」，「環境」に関するグローバルな課題の解決への企業の参加を呼びかけたことが契機となっている。アナン事務総長は，グローバル化がもたらすマイナスの側面を懸念し，『人間の顔をしたグローバル化』を目指すためには，もはや国家や国際機関だけではなく，企業サイドの取組みが不可欠であることを強調した。「グローバル・コンパクト」は，「人権」，「労働」，「環境」の分野に関する9原則を掲げ，2000年7月，国連本部において正式に発足した。その後，2004年6月に開催されたグローバル・コンパクト・リーダーズ・サミットにおいて，「腐敗防止」に関する10番目の原則が追加されている。

　2010年11月に国際標準化機構（ISO）の規格として発行された

図表4－3 ◆ グローバル・コンパクトの10原則

原則1：企業は，国際的に宣言されている人権の保護を支持，尊重すべきである
原則2：企業は，自らが人権侵害に加担しないよう確保すべきである
原則3：企業は，組合結成の自由と団体交渉の権利の実効的な承認を支持すべきである
原則4：企業は，あらゆる形態の強制労働の撤廃を支持すべきである
原則5：企業は，児童労働の実効的な廃止を支持すべきである
原則6：企業は，雇用と職業における差別の撤廃を支持すべきである
原則7：企業は，環境上の課題に対する予防原則的アプローチを支持すべきである
原則8：企業は，環境に関するより大きな責任を率先して引き受けるべきである
原則9：企業は，環境に優しい技術の開発と普及を奨励すべきである
原則10：企業は，強要と贈収賄を含むあらゆる形態の腐敗の防止に取り組むべきである

（出所） グローバルコンパクトネットワークジャパン（GCNJ）ホームページ。

ISO26000は，「持続可能な発展（sustainable development）への組織の貢献を促すこと」を目標とした社会的責任（SR；social responsibility）に関する手引き書である。

ISO26000の特徴は，①企業の社会的責任（CSR）だけでなく，さまざまな「組織」の社会的責任（SR）に関する国際規格であること。②ISO9000（品質管理），ISO14000（環境マネジメント）とは異なり，認証を目的としたものではなく，組織の社会的責任に関する「手引書（ガイダンス）」として活用されることが期待されていることなどである。

ISO26000は，7つの原則と7つの中心テーマが掲げられている。7つの原則は，組織の行動様式に関する三原則（①説明責任，②透明性，③倫理的な行動），④ステークホルダーの利害の尊重，法規範の尊重に関する三原則（⑤法の支配の尊重，⑥国際行動規範の尊重，⑦人権の尊重）により構成される。いずれも，CSRの基本となる原則であるが，④のステークホルダーの利害の尊重の原則において，「ステークホルダー・エンゲー

ジメント（組織が，さまざまなステークホルダーの意見を把握し，自らの決定，行動に反映させること）」が重視されていること，⑥の国際行動規範の尊重の原則において，国際行動規範と国内法が対立するケースに言及していることなどが注目される。また，社会的責任の中心となるテーマとしては，①組織統治，②人権，③労働慣行，④環境，⑤公正な事業慣行，⑥消費者課題，⑦コミュニティ参画および開発の7つが掲げられており，36の課題，400以上の具体的なアクションが示されている。これらの原則および内容（中心となるテーマ，課題，アクション）をふまえ，組織は，ステークホルダー・エンゲージメントの立場に立って，効果的に「社会的責任」を組織全体に統合することが求められることとなる。

　その他，ESG課題（環境，社会，企業統治）を組み込んだ機関投資家向けのPRI（国連責任投資原則；2006年）（Principles for Responsible Investment）（**図表4‐4**）やプロジェクトファイナンスのガイドラインである赤道原則（Equator principles；2003年）など，さまざまな分野で，サステイナビリティに関連する国際的なガイドラインが提唱され，企業や組織の社会規範として機能し始めている。

　2015年には，第2章で述べた国連のSDGs（Sustainable Development Goals; 2015年）が宣言された。また，SDGsに応じて，2017年11月には，経団連の企業行動憲章が大幅に改訂されるなど，わが国においてもサステイナビリティを目標に掲げたガイドラインが整備されている。金融庁が策定した機関投資家向けの日本版「スチュワードシップ・コード」（2014年策定）や，上場企業を対象とした東京証券取引所の「コーポレートガバナンス・コード」（2018年改訂）も，ESG課題をふまえたものとなっている。

　サステイナブルな社会の構築をめざすSRI（社会的責任投資）やESG投資も，各国の企業活動に直接的な影響を与えて来ている。SRIは，文字通り，社会的課題に応じて責任ある投資を行っていこうとするものであり，

図表 4 - 4 ◆ PRI（責任投資原則）の 6 原則

1　私たちは投資分析と意志決定のプロセスに ESG の課題を組み込みます。
2　私たちは活動的な株式所有者になり，株式の所有方針と株式の所有慣習に ESG 問題を組み入れます。
3　私たちは，投資対象の主体に対して ESG の課題について適切な開示を求めます。
4　私たちは，資産運用業界において本原則が受け入れられ，実行に移されるように働きかけを行います。
5　私たちは，本原則を実行する際の効果を高めるために，協働します。
6　私たちは，本原則の実行に関する活動状況や進捗状況に関して報告します。

（出所）　PRI ホームページ等。

1920年代の米国のキリスト教系財団のネガティブ・スクリーニング（アルコールや武器を扱う産業など，特定の分野に属する企業を投資先から除外）がスタートとされる。その後，ポジティブ・スクリーニング（社会的課題の解決に資する産業分野に属する企業への投資），ESG 課題に適切に対応する企業への投資（ESG 投資）など，一定の指標を用いて投資先を選定する取組みが SRI として行われてきた。近年，日本の SRI に関する投資規模は，急成長しているものの，そのレベルは国際的にみてかなり低い水準にとどまっている。2016年の世界全体の SRI 関連投資総額は，22兆8,900億ドルと推計されているが，欧州が12兆400億ドル（全体の約53%），米国が 8 兆7,230億ドル（全体の約38%）であるのに対して，日本は4,740億ドル（全体の約 2 %）にとどまっている。また，SRI 以外の分野も含めた各国の投資総額に占める SRI 投資の割合を見ても，欧州52.6%，米国21.6%に対して，日本は3.4%に過ぎない[20]（**図表 4 - 5**）。

20　GSIA（Global Sustainable Investment Alliance）の「Global Sustainable Investment Review（GSIR）2016」（2017年 3 月公表）に基づく（その後，GPIF（94頁参照）による SRI の展開により，日本のウエイトは大幅に上昇することが見込まれている）。

図表 4 - 5 ◆ 各国の SRI 投資額

SRI 投資額（2016年）	SRI 投資額 (10億ドル)	割合（%）
欧州	12,040	52.6
米国	8,723	38.1
カナダ	1,086	4.7
オーストラリア・ニュージーランド	516	2.3
アジア（日本を除く）	52	0.2
日本	474	2.1
合計	22,890	100.0

（出所）　GSIR2016.

　今後，サステイナビリティに関するソフトローが整備されるに伴い，わが国においても SRI や ESG 投資のウエイトが急速に高まっていくものと期待されている。

　いずれにしても，倫理的消費などの消費者の選択行動に加えて，企業活動を方向づけるソフトローの普及やサステイナビリティを考慮した投融資行動の拡大によって，企業はその在り方を大きく変え始めていると言えよう。

3.4　ソフトローの実効性

　近年では，インターネットを活用して，ソフトローの実効性を確保するため，①署名（自己宣言）により，ガイドライン等の遵守を宣言する方式や，②ガイドライン等への適合性に関する認証制度の導入，③企業の取組みに関する点検・第三者評価・情報公開など，さまざまな工夫がなされ始めている。たとえば，グローバル・コンパクトでは，2015年 7 月末時点において，世界の約160カ国で13,000団体（うち約8,300が企業）が署名し，活発な取組みが展開されている。また，PRI の署名機関数は，2017年 9 月

時点において1,813機関，署名機関の運用資産総額は，約70兆ドルとなっている。世界一の規模の日本の「年金積立金管理運用独立行政法人（Government Pension Investment Fund；GPIF，2018年6月末運用資産額；約161兆円）」も，2015年9月に署名を行っている。

また，GRI（Global Reporting Initiative，サステイナビリティ報告に関する国際的枠組みであるSustainability Reporting Standardsを策定），国連グローバル・コンパクト，WBCSD（World Business Council for Sustainable Development：持続可能な開発のための世界経済人会議）の三団体は，SDGsを企業が活用するために，SDGsコンパス（SDGsの企業行動方針）を発行している。SDGsコンパスには，①KPI（主要業績評価指標）の設定，モニタリング，結果の公表，それに基づくステークホルダーとの対話，②GRI基準による報告書の作成，マテリアリティ（CSRやサステイナビリティに関する重要課題）の特定など，SDGsを企業経営に組み込む手順が具体的に示されており，SDGsの実効性を高める効果が期待されている。

3.5 サプライチェーンとソフトロー

大企業が子会社のみならず，取引先，納入業者などサプライチェーンの各段階の中小企業に対して，自社のCSRガイドライン等を遵守するように要請を行うケースが拡大しつつある。グローバルなサプライチェーンにおいて，①グローバル企業が自らガイドラインを策定したり，②業界団体がガイドラインを策定し，これを遵守するよう関連企業に幅広く要請するケースも目立っている。また，グローバル企業等がCSR調達（購入）についての基準を設ける場合もある。前述の日本経団連の企業行動憲章の実行の手引きにおいては，サプライチェーンに関する具体的アクションプランとして，調達ガイドライン，契約条項へのCSR条項の盛り込み，サプ

ライヤーの実態把握および普及啓発，監査，支援などの項目が掲げられている（同憲章実行の手引き10-6）。

たとえば，エレクトロニクス業界の例では，2004年，Hewlett-Packard，IBM，Dell の三社と電子機器メーカー5社が連携し，グローバルなサプライチェーンの CSR を推進するため，労働，安全衛生，環境保全，管理の仕組み，倫理の5項目に関する電子業界行動規範（EICC；Electronics Industry Code of Conduct）を策定した。EICC の策定を受け，わが国でも，2006年，電子情報技術産業協会（JEITA）が，「サプライチェーンCSR 推進ガイドブック」を策定している。このガイドブックには，上記の EICC の項目のほか，品質・安全性や情報セキュリティ，温室効果ガスなどの項目も盛り込まれ，わが国電子機器・電子部品メーカー各社のCSR ガイドラインのベースとなっている。

3.6　ソフトローと取引コスト論

ソフトローの意義について，改めて取引コストの観点から整理しておこう。現実の経済は，摩擦（取引コスト）のない世界ではない。コースの定理からも明らかなように，取引コストが存在するケースでは，市場に委ねた場合に，資源の最適配分が達成されないこととなる。資源の最適配分や衡平を達成するためには，社会的合意に基づいた適切なルール（法規制）が必要となるのである。

ウイリアムソンは，①機会主義的行動（自己利益の追求[21]）と②情報の不完全性（情報の非対称性）の下での限定合理性を前提として，取引コスト論を展開している。他方，ウイリアムソンは，機会主義と限定合理性を

21　ウイリアムソンは，機会主義について「経済主体は自己の利益を考慮することによって動かされるという伝統的な仮定を，戦略的行動の余地をも含めるように拡張したものである」と定義している（ウイリアムソン訳書44頁）。

基本的に重要な人間の諸属性としつつも，機会主義については，歴史的，文化的事情の異なる国々においてはその行動様式がかなり異なることを指摘している[22]。

　今日における資源の最適配分や衡平を考えるに当たっては，①の機会主義の仮定は，ウイリアムソンが自ら指摘しているように，幅を持って捉えざるを得ない概念であると考えられる。サステイナビリティが人間の基本的な属性に関わるとの前提に立てば，機会主義的モデルは必ずしも妥当とは言えない。企業活動は，サステイナビリティ，すなわち，自己利益の追求や機会主義的行動のモデルでは単純に割り切ることができない状況に直面している。サステイナビリティが企業に受け入れられる背景には，機会主義的行動ではなく，「共感」，あるいは「信頼」などの別の原理が存在していると考えられる。

　今日の社会的雰囲気を反映した企業モデルを想定するとすれば，多くの企業は，一方で自己利益の追求を図るなど機会主義的な行動を取るとともに，社会的責任を負ってサステイナビリティを実現する役割を担っているのである（もちろん，一部の企業では，ウイリアムソンが指摘する戦略的行動[23]の側面が企業行動のパターンを左右していることは事実である）。

　この企業の二面性をルールに反映しなければならない。ただし，サステイナビリティとして，企業がどの程度，社会的責任を果たすべきかに関しては，文化や地域，個々の企業の置かれた状況などにより多様であり，必ずしも自明のこととは言えない。

22　「合理性のうえでの人間の諸限界はおそらく先進諸国のあいだでは非常に類似しているであろうが，機会主義的に行動しようとする性向は異なっていると主張できよう。日本の企業の（そして日本の企業同士のあいだでおこなわれる企業間取引の）興味深い面の一つは，機会主義の危険が，他の西側諸国の経済とくらべて，ずっと低いと主張されていることである。」（ウイリアムソン訳書「日本語版への序文」より）。

23　ウイリアムソンによれば，戦略的行動は，「自己の利益を悪賢いやり方で追求することにかかわって」（ウイリアムソン訳書44頁）いるとされる。

第4章　企業の役割　97

　市場のルールは，関係者が遵守するという意味では本来はハードローを意味していると考えられる。確かに，ハードローには強制力はあるが，取引コストの観点からは，ルール形成のコストとその効果についても考慮する必要がある。この場合，ハードローが良いのかソフトローが良いのかは，以下の諸条件に依存して決まることとなる。すなわち，①ルールの透明性，公平性のオーソライズが必要かどうか，②エンフォースメント（法の執行）が必要かどうか，③ソフトローの実効性を確保する費用（監視費用など）とハードローのリーガル・リスクおよび執行費用（瀬下（2008）141頁）のどちらが大きいかなどの要因である。

　ソフトローの利点は，①ルール制定のコストが割安である，②機動性があり，状況変化への対応が容易である，③消費者の選択に応じて，資源の最適配分の基準となる価値観の選択に，柔軟に対応できる可能性があるなどである。企業は，適切なルールの設定（法規制など）により，情報の不完全性（情報の非対称性），限定合理性などを補完するインセンティブを有するが，グローバルな市場や，技術的進歩の著しい分野でのルールの設定に関しては，ハードローはなじみにくいと考えられる。

　事実，電子商取引に関しては，90年代後半から，各国間で交渉が行われてきたが，条約・協定などの国際的取り決めは成立せず，国際的な産業界のガイドラインをデファクトスタンダード（de facto standard 事実上の標準）として採用しているのが実情である。このような状況をふまえると，取引コスト論の観点からも，現代の企業システムにおいて，ソフトローの果たすべき役割は極めて大きいと評価できるのである。

4 企業システム革新への動き

4.1 新たな企業モデルとしての社会的企業

　現在の株式会社制度の下で，企業がサステイナビリティを実現するためには，ソフトローが大きな役割を果たすこととなると考えられる。ただ，企業が社会的価値，サステイナビリティを実現していくためには，さまざまな制約がある。1つは，企業が生産要素を生産物に変換し，利益を生み出す経済単位であるとする新古典派経済学の見方が多くの企業経営者やステークホルダーの判断を左右しているという点である。第1章にも述べたように，自己利益の追求というバーチャルな経済学の想定が現実の経済を方向づけてしまったのである。もう1つは，社会的価値やサステイナビリティの概念についてはさまざまな見方があり，株式会社制度の中で，関係者のコンセンサスを形成するには，かなりの調整コストがかかると見込まれる点である。

　こうした課題を克服するためには，株式会社制度を中心とした現在の会社制度自体の在り方を根本的に見直し，社会的価値の創出を企業の目的として位置づけた社会的企業制度を導入することが求められることとなる。すでに，英国やイタリア，米国の各州などにおいては，株式会社制度を見直して，経済的利益の実現とサステイナビリティや社会への貢献を両立させる新たな会社制度を整備する動きがみられる。サステイナビリティを実現するための新たな企業モデルを考える手がかりとして，これらの制度を概観してみたい。

4.2 海外の社会的企業制度の動向

(1) コミュニティ利益会社 (Community Interest Company)

英国では，2005年，会社法を改正して，コミュニティ利益会社制度を導入した。本制度では，国の独立機関として位置づけられている監査人 (Regulator) が「コミュニティ利益会社」に該当するかどうかを判断することとなる。すなわち，コミュニティ利益会社は，その設立時に，監査人による認定（コミュニティ利益テスト）を受ける他，その活動状況についても，定期的に，監査人に報告しその監査を受けなければならない。コミュニティ利益会社に認定されると，資産，利益配分の制限，毎年度の報告書の提出などが義務づけられる。現在，コミュニティ利益会社として認定されている会社は，約1.5万社を超える規模となっており[24]，その分野も福利厚生，スポーツ，芸術，教育，健康・社会福祉，環境，R&Dなど多岐に及んでいる。本制度は，他の先進諸国に先駆けて，社会的企業制度を会社法に規定し，会社組織の柔軟性と確実性を備えた社会的企業を制度化した点で大きな意義があったと考えられる（その後，カナダのノバスコシア州 (2016年) やブリティッシュコロンビア州 (2012年，ただし，名称はCommunity Contribution Company (CCC)，Regulator制度なし）などで，同様の仕組みが導入されている）。

(2) イタリアの社会的協同組合制度

イタリアの社会的協同組合制度 (Cooperativa Sociale) は，1980年代までの協同組合の取組みをふまえ，1991年に法制化されたものである。社会的協同組合は，①社会目的の事業（社会福祉，保健，教育サービスなど）

24　15,433社（2019年2月末時点）。

を実施する組合（A型）と②障がい者など，社会的不利益を被る者の就労を目的とする組合（B型）の２つのタイプに分かれている。全国の社会的協同組合は，すでに１万を超えており，さまざまな分野での活動が展開されて来ている[25]。2006年には，社会的企業法により，協同組合だけでなく，企業などの一般的な法人についても，上記と同様の仕組みが導入され，社会的企業として活動できることとなった。また，2016年には，社会的協同組合や社会的企業を含むサードセクター全体の改革を推進するための法整備が行われている。

（3） 米国の社会的企業制度

米国においても，英国のコミュニティ利益会社を参考にしつつ，州レベルでの社会的企業の法制度化が進んでいる。州により，法制度にはさまざまな形態があるが，基本的には，営利を目的とした企業活動とサステイナビリティへの貢献など，社会目的の企業活動を両立させる制度となっている点に特徴がある。米国では，非営利法人の社会的活動が活発であるが，企業制度においても，社会目的の活動が「社会的企業」として制度化されて来ていることは興味深い。各制度の概略は以下の通りである[26]。

(a) L3C 制度

L3C（Low-profit Limited Liability Company）は，社会目的（宗教，慈善，科学，文芸，教育，国内・国際的なアマチュアスポーツ大会，児童・動物虐待の防止など）のために活動する有限責任会社（Limited Liability Company）であり，利益を生み出すことは認められるが，それを社会目的に優先させてはならないとされている。L3C の法人格を取得すれば，

---

25 15,600法人，職員428,713人（2016年，ISTAT）。
26 経産省委託調査（2010），内閣府委託調査（2011）等。

事業資金の調達等に関して税制面での優遇措置を受けることができる。L3C は，2008年バーモント州でスタートしており，2018年度時点では，11州で制度が導入されている。

(b) Benefit Corporation 制度

Benefit Corporation 制度は，有限責任会社である L3C よりも企業色が強く，制度上，社会目的の達成を収益よりも優先させることは求められていない。本制度では，事業活動を通じた社会的目的の追求が企業の受託者責任の原則に反するものではないと規定しているため，営利企業が，利益だけでなく幅広い社会目的を追求することが可能となっている。Benefit Corporation となった企業は，予め定められた評価基準に基づいて，社会・環境への取組みに関する報告書（Benefit Report）の公表が求められる。本制度は，2010年メリーランド州でスタートし，2018年3月時点では，35州が制度を導入している。また，2015年には，イタリアにおいて，本制度（Società Benefit）が国レベルで初めて導入され，2018年には中米のコロンビアにおいても Benefit Corporation の制度が導入されている。

なお，Benefit Corporation に類似の制度として，B Corporation certification（認定Bコーポレーション，BはBenefitの意）があるが，これは，米国の非営利団体 B Lab が運営する民間認証制度であり，①環境，社会に配慮した事業活動を行っており，②アカウンタビリティや透明性などについても厳格な基準を満たした企業が，その認証を受けることができる仕組みである。現在，60カ国の企業2,600社が B Lab の認証を受けている（2018年8月時点）。B Corporation certification は，民間認証制度であり強制力がないことから，その仕組みは，ソフトローとして位置づけることができる。

(c) Social Purpose Corporation

2012年に，カリフォルニア州が新たな会社制度としてFlexible Purpose Corporation を導入した。本制度は，持続可能性や雇用への配慮など，社会および環境に関連するさまざまな活動を定款に規定することにより，営利企業においても多様な社会活動が可能となる。本制度は，L3C や Benefit Corporation の制約を考慮し，主に通常の営利企業を念頭に置きつつ，環境や社会に関する多様な取組みを促進する仕組みを導入したものである。本制度の認定企業は，2015年からは，Social Purpose Corporation に名称変更している。Social Purpose Corporation の制度は，2012年に，ワシントン州，2014年には，フロリダ州でも導入されている。

4.3　わが国自治体の CSR 認証への取組み

わが国においては，社会的企業に関する法制度は整備されていないが，全国の自治体の一部では，企業の社会活動を公的に認証する仕組みが導入され，実績が積み重ねられており，注目される。英国のコミュニティ利益会社や米国各州の諸制度も，その本質は企業の社会目的の活動を公に認め，営利活動との両立を図る点にある。その意味では，これらの制度も，わが国における自治体の認証制度と共通する面が多い。

CSR 認証制度をわが国で初めて導入したのは，横浜市である。同市では，2007年度から「横浜型地域貢献企業支援事業」をスタートさせている。本制度の創設を支援した影山摩子弥 横浜市立大学教授は，「地域貢献企業の認定制度を通じて，地域社会における CSR を促進し，CSR をベースにした地域社会システムの構築を目指す」（影山（2009）219頁）ことの重要性を強調している。本制度の認定企業には，認定企業マークの使用，広報支援，低利融資，公共工事のインセンティブ発注（認定企業であることを入札の条件にする方式）などのメリットが付与されるが，制度の最大の魅力

は，自治体が公に企業の地域貢献という社会目的の活動を認定すること自体にあると考えられる。制度創設以来の「横浜型地域貢献企業」の認定実績は，459社（2018年4月1日現在）となっている。

次いで，2008年度には，宇都宮市で「宇都宮まちづくり貢献企業認証制度」がスタートした。本制度は，企業，市民，行政による協働のまちづくりを推進するため，「人づくり」「まちづくり」「環境づくり」などに関連したCSR活動に取り組む市内企業（社会貢献を主な目的とする事業所や社会福祉法人は除く）を認証することとしたものである。認証を受けた企業は，横浜市の場合と同様，認証マークの使用，広報支援，低利融資，入札優遇などのメリットが付与される。制度創設以来の「宇都宮まちづくり貢献企業」の認証実績は，147社（2016年度までの累計）となっている。

横浜市，宇都宮市での取組み事例をふまえ，2012年度からは，さいたま市が「さいたま市CSRチャレンジ企業」認証制度を実施している。本制度は，自社の事業活動の維持・拡大を図りつつ，社会的健全性を両立させる企業経営の推進を図ろうとする意欲のある市内中小企業を認証する制度であり，認証企業には広報支援および市内外のCSR実践企業が集う「さいたま市CSRコミュニティ」への参加などのメリットが付与されている。本制度は横浜市や宇都宮市とは異なり，認定の対象を中小企業に限定したこと，CSRコミュニティへの参加を謳っていることに特徴がある。さいたま市の認証実績は，84社（2018年4月1日現在）である。

地域貢献企業認証制度や関連する仕組みづくりは，全国の他の自治体にも広がりつつある。2013年度からは，川口市が中小企業を対象にした「地域貢献事業者認定事業」（2017年度までに41社を認定）を実施している。また，2015年度からは，静岡市が「認証」に代え「表彰」を活用した「CSRパートナー企業表彰制度」（2017年度までに16社を表彰）をスタートさせるなど，他の自治体においても，CSRの推進をめざす取組みが本

格化しつつある。他方，CSR に関する分野別の認証（認定）制度につい
ても「障がい者雇用推進企業」，「ワーク・ライフ・バランス推進企業」，
「人材育成企業」など，自治体による認証制度が多数存在する。これらの
自治体の認証（認定）制度は，まだ，制度が始まって日が浅いことから，
認証企業数が少ないことや，業種に偏りがあることなど，課題も多いが，
今後，自治体の企業認証制度がテコとなって，わが国においても，社会的
企業に関する本格的な法制度が導入されることが期待される。

　今日において，株式会社を中心とした企業システムは，大きく変貌しつ
つある。とりわけ，企業がサステイナビリティの実現をその業務に明確に
位置づけるためには，消費者の市場における商品・サービスの適切な選択
という基本的な手段に加え，ソフトローなどを通じた企業活動の社会的コ
ントロールを実現していくことがますます重要となっている。

　ネット社会の到来により，企業活動に関する情報はこれまで以上に発信
しやすくなっており，消費者やステークホルダーも，企業のトータルな活
動をチェックして，商品・サービスの選択や投資に関する判断を行いやす
くなっていると考えられる。専門機関や第三者機関，認証制度などの社会
的機能の発達は，消費者やステークホルダーの情報収集力を向上させ，市
場における不完全情報や情報の非対称性を改善するのに役立っていると言
えよう。また，社会的企業など，企業システムの革新はこうした傾向を一
層強めるものと期待される。

◆ **参考文献**

Beauchamp, T.L. and N.E.Bowie, (1997), *Ethical Theory and Business/ 5th ed.*:
　　Prentice Hall（加藤尚武監訳（2005）『企業倫理学 1―倫理的原理と企業の社会的
　　責任』晃洋書房）

Coase,R.H. (1988) *The Firm,the Market,and the Law,* University of Chicago Press
　　（宮沢健一，後藤晃，藤垣芳文訳（1992）『企業・市場・法』東洋経済新報社）

Dore Ronald, (2000), *Stock Market Capitalism： Welfare Capitalism：Japan and Germany versus the Anglo-Saxons*：Oxford University Press（藤井眞人訳（2001）『日本型資本主義と市場主義の衝突―日・独対アングロサクソン』）

Hart, S.L.（2005）, *Capitalism at the crossroads*：Wharton School Publishing（石原薫訳（2008）『未来をつくる資本主義』英治出版，増補版（2012））

Polinsky,A.M.(1983) *An Introduction to Law and Economics,* Little,Brown and Company（原田博夫，中島巌訳（1986）『入門 法と経済―効率的法システムの決定』）CBS 出版

Porter, M.E. and M.R. Kramer,（2002）"The Competitive Advantage of Corporate Philanthropy", *Harvard Business Review* 2002-12（邦訳：「競争優位のフィランソロピー」『ダイヤモンド・ハーバード・ビジネスレビュー』2003年 3 月号，24-43頁）

Porter, M. E. and M.R.Kramer,（2006）"Strategy and Society: The link Between Competitive Advantage and Corporate Social Responsibility", *Harvard Business Review* 2006-12,（邦訳；「競争優位の CSR 戦略」『ダイヤモンド・ハーバード・ビジネスレビュー』2008年 1 月号，36-52頁）

Porter M.E. and M.R. Kramer,（2011）"Creating Shared Value" *Harvard Business Review* 2011-1,2,（邦訳；「共通価値の戦略」『ダイヤモンド・ハーバード・ビジネスレビュー』2011年 6 月号，8-31頁）

Posner.E.A.,（2000）, *Law and Social Norms*：Harvard University Press（太田勝造監訳（2002）『法と社会規範』木鐸社）

Williamson,O.E.（1975）, *Markets and Hierarchies：Analysis and Antitrust Implications,*：Free Press（浅沼萬里，岩崎晃訳（1980）『市場と企業組織』日本評論社）

OECD（2010）, *Consumer Policy Toolkit,*：OECD publishing

岩井克人（2003）『会社はこれからどうなるのか』平凡社

岩井克人（2005）『会社はだれのものか』平凡社

影山摩子弥（2009）『地域 CSR が日本を救う』敬文堂

神田秀樹編（2009）『市場取引とソフトロー』有斐閣

菊澤研宗（2016）『組織の経済学入門―新制度派経済学アプローチ（改訂版）』有斐閣

信州大学グリーン MOT 研究会（2011）『グリーン MOT 入門』中央経済社

樋口一清，三木健，白井信雄（2010）『サステイナブル企業論』中央経済社

樋口一清，白井信雄（2015）『サステイナブル地域論』中央経済社

藤井敏彦（2005）『ヨーロッパの CSR と日本の CSR』日科技連出版社

藤田友敬編（2008）『ソフトローの基礎理論』有斐閣

Introduction to Economics of Consumption

第5章

消費者の心理と行動

- 本章では，消費者の心理と行動を理解するため，まず，近年の行動経済学の考え方を紹介する。現実の消費者の行動は限定合理的であり，経済学のモデルにおいて想定されるような"経済人"の合理的行動とは，大きく異なっていることは明らかである。本章では，消費者の市場での実際の選択行動が，感情や直感，リスク，時間とどう関わっているのかを行動経済学のこれまでの成果に基づいて概観する。こうした考え方に立って，頻発する消費者トラブルへの対応のあり方について具体的に検討する。
- 次に，現代消費者の直面する諸課題について，消費経済学の観点からのアプローチの可能性を考える。超高齢社会の到来により，消費者の脆弱性の問題は一層深刻な状況になると考えられる。また，ネット社会の拡大により，C to C の取引が拡大し，プラットフォーマーと言われるような新たな企業も出現している。他方，ネット社会の進展は，企業と消費者の価値共創を促進する要因ともなっている。新たな消費者や企業の出現は，市場経済に何をもたらすのだろうか。本章では，こうした現代の革新的な変化の潮流についても概観することとしたい。

1 消費者の選択と行動経済学

1.1 サンクコストの呪縛

　消費者は，決して，伝統的経済学が想定する「経済人」ではなく，限定合理的な消費者行動が一般的であることは言うまでもない。たとえば，経済学や経営学には，サンクコスト（埋没費用）という概念があるが，このサンクコストが大きいと，人々の判断や行動はサンクコストに影響され，非合理的，限定合理的なものとなる可能性が高い。これを「サンクコストの呪縛（コンコルドの誤謬）」と呼ぶことがある。超音速旅客機，コンコルドは，巨額の開発費用が投下されており，採算が取れない状況が明らかになっても，なかなか事業中止を決断することができなかった。過去に投下した金額が大きいと，将来の便益とコストのみを比較した合理的な判断が行いにくい状況に陥ってしまうのである。金額の多寡を別にすれば，こうしたケースは，日常の消費生活においても結構あるのではなかろうか。たとえば，長年，時間や手間をかけて，特定のブランドの商品・サービスを愛好してきた消費者にとっては，仮に，廉価で高品質，高性能な他ブランドの商品・サービスが出現しても，愛着のあるブランドの変更は容易ではない。パソコン OS の Windows と Mac の選択や，携帯，スマホの機種の変更などは，こうしたサンクコストの一面を持つと言えるかもしれない。いずれにしても，サンクコストの存在は，消費者の限定合理性を理解する上で重要な手がかりを与えてくれる。

　消費者の心理や行動は，限定合理的であり，状況次第で大きく変わり得る。次に，「フレーミング効果」について考えてみよう。フレーミング効

110

果の生みの親は，実は，アイルランドの劇作家バーナードショーだと言われる[1]。ショーは，目の前にウイスキーが半分入ったボトルが置かれた時に，楽観論者は「まだ，半分ある」と言うが，悲観論者は「もう半分しかない」と言うだろうと指摘した。同じ情報を伝える場合でも，表現次第で，情報の受け手（消費者）の捉え方はかなり違ってくる。「まだ，半分ある」と思えば，心のゆとりが生まれるが，「もう半分しかない」と言われると，何故か浮足立ってしまう。「フレーム（額縁）」を変えると，同じ作品なのに，絵の印象は大きく変わってしまうのである。このバーナードショーのウイスキーのボトルの話は，フレームの工夫次第で，消費者の心理や行動に大きな影響を与えることが可能となることを示唆している。ショーの例を引くまでもなく，このフレーム効果は，昔から，生活のさまざまな局面で，意図的あるいは，無意識によく利用されてきた手法である。消費者への商品の広告やマーケティングも，フレーム次第でその効果が大きく左右されることとなる。無論，悪質業者のようにフレームを意図的に悪用し，消費者トラブルを引き起こす輩もいる。

　行動経済学においては，こうした問題について，心理学などの隣接諸科学の知見や多くの実証実験の結果をふまえて体系的な分析を試みている。以下，まず，消費者の選択行動と行動経済学の関係について，Motterlini（2006，2008），依田（2010），友野（2006），多田（2014）等を参考にしながら簡単に整理してみよう。

1.2　消費者の選択と感情や直感

（1）　ヒューリスティックス

　ヒューリスティックス（heuristics）という言葉は，風呂に入っていた

1　M. モッテルリーニ（2009）『世界は感情で動く』49頁。

アルキメデスが，「アルキメデスの原理」のヒントを発見した際に，「ヘウレーカ！　ヘウレーカ！」（Eyphka，「わかったぞ」などを意味するギリシャ語）と叫びながら裸のままシラクサの街を駆け抜けたという伝説に由来する。

　行動経済学におけるヒューリスティックスは，不確実性の下での判断に際して採用される簡略化，直感，近道選びなどの思考パターンを意味している。カーネマンとトヴェルスキーは，このヒューリスティックスには，①利用可能性ヒューリスティックス，②代表性ヒューリスティックス，③アンカリング効果の3つのパターンが存在すると指摘した。

　ヒューリスティックスはバイアス（偏り）と結び付けられることが多いが，ヒューリスティックス自体はマイナス面のバイアスだけでなく，プラス面の意味も含んだ言葉である。日常生活において，消費者は，多くの情報に翻弄されるばかりでなく，感情や直感を巧みに用いていわば「ヒューリスティック」な判断を行い，消費生活を豊かなものとすることも可能であると考えられる。すなわち，ブランドイメージや宣伝，広告は，消費者にヒューリスティックスを生じさせる一因となり，消費者が広告や宣伝に踊らされて冷静な判断を見失ってしまうことも多いと考えられるが，他方，状況によっては，広告，宣伝やブランドイメージという「企業サイドの情報」を自ら主体的に活用することも決して不可能ではないと考えられるのである。

(a)　利用可能性ヒューリスティックス

　利用可能性ヒューリスティックスは，最近の事例や顕著な事例，あるいは個人的な関わりのある事例など，思い浮かべやすい情報を優先させて安易に判断してしまう思考パターンである。たとえば，パソコンのように一定の予備知識や十分な検討を要するハイテク製品の購入に際して，広告や

友人の勧めなどに依存して決めてしまうケースなどが考えられる。健康食品についても，タレントの広告や体験談の紹介などにより購入してしまうケースが多くみられる。根拠のないうわさなどによって，消費者が消費を手控えてしまうといった，いわゆる「風評被害」なども，このケースに該当すると考えられる。

(b) 代表性ヒューリスティックス

代表性ヒューリスティックスは，本来，客観的な法則性や因果関係がないにもかかわらず，先入観，思い込み等に基づいて主観的判断を行ってしまう思考パターンである。

実際にはそうではないもの（客観的には成り立たないもの）を，典型性（代表性）を基にした思い込みによって判断してしまうケースと言っても良いかもしれない。ここで言う典型性（代表性）について具体的な例を紹介しよう。

『「眼鏡をかけ，気が弱く小心で歴史本が大好きである」人物の職業は，図書館員と商店主のどちらの可能性が高いかと問われたら，多くの人は図書館員と答える。しかし，確率的には，世の中には，図書館員より，商店主の方がはるかに多い。「眼鏡をかけ，気が弱く小心で歴史本が大好きである」というメッセージの与える典型性をもとに，合理的とは言えない判断をしてしまったのである』（モッテルリーニ（2006）『経済は感情で動く』訳書76頁）。

コイン投げゲームで4回続けて表が出たら，そろそろ裏が出そうな気がしてしまう。しかし実際には，5回目にコインの裏が出る確率は2分の1なのである。プロ野球のドラフト会議のような場面で，くじ引きの際，くじ運が強い人物を代表に立てるという光景を目にすることがあるが，もちろん科学的根拠は全くない。くじ引きの確率は，基本的に変わらないはず

であり，これも，代表性ヒューリスティックスに関連した行動と考えられる。

(c) アンカリング効果

　アンカリング効果は，問題の本質にあまり関係ない情報やあいまいな情報にこだわってしまう思考パターンである。船がアンカー（錨）を降ろした時には，アンカーと船を結ぶ，「とも綱」の長さの範囲でしか動くことができないという意味で，アンカリング効果という言葉が用いられている。たとえば，商品について，希望小売価格と実際の販売価格があると，多くの消費者は希望小売価格の水準にこだわって，販売価格の水準を判断しがちである。この場合には，希望小売価格が，アンカーの役割を果たしているのである。希望小売価格が高ければ，同じ販売価格であっても，消費者は，販売価格が大幅に値引きされていると思いこんでしまうのである。これらのヒューリスティックスが存在すると，不確実性の下での消費者の判断やそれに基づく行動にバイアス（偏り）が生じてしまう可能性が高い。

（2）　認知的不協和，自信過剰

　また，判断上のバイアスが生じる他の事例として，ヒューリスティックスの他，「認知的不協和」や「自信過剰」をあげることもできる。認知的不協和は信じていたことと現実が食い違った際の間違いを認めたがらない感情である。高額の商品を購入した後は，広告を見ないようにしたり，テストの正解を見ないようにしたりするのも認知的不協和を避けるための行動の1つであると考えられる。

　自信過剰な人物は，自分に都合の良い解釈（自己奉仕バイアス）をしがちである。うまく行けば，自分の実力，うまく行かないのは，運が悪かったと思ってしまうのである。

また，記憶に関しても，自分に都合の良い出来事は覚えているが，都合の悪い出来事は，忘れてしまう傾向が生じやすい。自己奉仕バイアスがあると，客観的な判断や行動が歪められてしまうおそれがある。

1.3　消費者の選択とリスク

（1）　プロスペクト理論

　伝統的経済学では，リスクを伴う選択に際して，合理的な経済人である消費者は期待効用を最大化すると想定している（期待効用最大化仮説）。ダニエル・カーネマンとエイモス・トヴェルスキーは，限定合理的な消費者のリスクへの対応に関して，プロスペクト理論を提唱している。その基本的要素は，以下の通りである。

---

① 消費者は，参照点（物事を判断する際の基準点，必ずしもゼロ（原点）ではなく，たとえば当初の手持ち資金のレベルなど）との比較によって，起こり得る結果を評価する（参照点依存性）。

② 消費者は，利益から得る満足よりも損失の苦痛を強く感じる（損失回避性）。

③ 消費者は，大きな損失を避けるためにリスクを賭すことを厭わないが（リスク追求的），利益についてはリスクを好まない（リスク回避的）。たとえば，競馬などで，負けが続くと大穴を狙うというのも，リスク追求的な行動と考えられる。

④ 消費者は，対象が生じる確率について，確率が小さい時は過大評価し，大きくなると過小評価する傾向がある。たとえば，宝くじのように当選確率が低いと過大な期待をするが，高い確率で当たるくじであってもなかなか安心できない。

　上記①から③の性質を縦軸に価値（主観的評価），横軸に利得（損失）

第5章 消費者の心理と行動 115

図表5－1 ◆ 価値関数

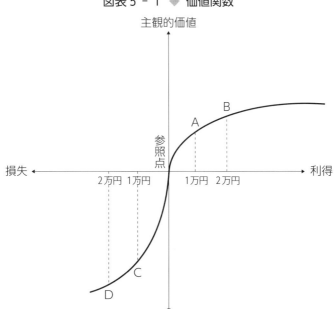

(1) 損失回避性：1万円の利得により得られる主観的価値の増加と比べ，1万円の損失により失う主観的価値の減少幅が大きい。
(2) 利益についてはリスク回避的：1万円で利益を確定するか，50％の確率で2万円またはゼロという選択に賭けるかというケースについては，2万円の主観的価値の改善幅はあまり大きくない（B－A）ため，1万円の方を選ぶ。
(3) 損失についてはリスク追求的：1万円の損失で確定するか，50％の確率で2万円の損失または，損失ゼロという選択に賭けるかというケースについては，損失ゼロによる主観的価値の改善幅が大きい（C）ため，リスクの高い選択を行う。

を取って，関数の形で示したのが「価値関数」である（**図表5－1**）。縦軸と横軸の交点は，①の参照点であり，価値関数についても，限界効用逓減性と同様に，原点から離れるに従い，価値の変化が逓減する「感応度逓減性」が存在する。②は，同じ額の利得と損失がもたらす縦軸の価値額の

変化の幅の違いで示されることとなる。損失の方が，利得に比べ，価値の変化の幅が大きいこと（マイナス幅が大きいこと）が「損失回避性」を生じる原因である。③で述べた損失についての「リスク追求」，利得についての「リスク回避」については，感応度逓減性が関係する。すなわち，利得について，①現状の金額で確定するか，②50％の確率で倍額をもらえるが50％の確率で利得ゼロという２つの選択肢がある場合に，消費者はどう判断するのだろうか。損失についても，①損失を現状で確定するか，②50％の確率で損失ゼロとなるが，50％の確率で損失が倍額になるという選択肢があった場合に，消費者はどう判断するのだろうか。**図表5－1**では，利得が倍になった場合の価値の増加割合は大幅に逓減している。多くの実証研究の結果をふまえると，消費者はリスクを追求して利得の増加による価値のわずかな増加を見込むより，リスクを回避して金額を確定する行動を選択することが明らかにされている。他方，損失についても感応度逓減性が存在するため，損失が倍になっても，価値の減少はそれほど大きくはならない（いわば，感覚が麻痺してしまった状況と言えよう）。その結果，消費者は，損失（大きな苦痛）を確定しリスクを回避するより，リスクがあっても損失（苦痛）を回避する感情が優先し，リスク追求的な行動を選択することが明らかにされている。

　価値関数に加えて，プロスペクト理論のもう１つの構成要素となるのが「確率荷重関数」である。前記④は，確率荷重関数の性質を示している（**図表5－2**）。この関数では，確率が小さい時は，過大評価，確率が大きい時は過小評価の傾向が示されている。③のケースでは，利得についてのリスク回避的行動，損失についてのリスク追求的行動は，確率が十分大きい時には成り立つが，確率が小さいと，利得についてはリスク追求的，損失についてはリスク回避的行動をとることが実験結果から明らかになっている。消費者は価値関数だけでなく，確率荷重関数を組み合わせて判断し，

図表 5 - 2 ◆ 確率荷重関数

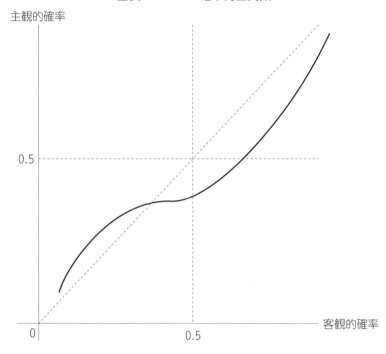

行動しているのである。これが、カーネマン、トヴェルスキーの提唱した「価値関数」、「確率荷重関数」に基づく「プロスペクト理論」の要点である。

（2） 現状維持バイアス

現状維持バイアスは、文字通り現状を維持しようという傾向である。現状を変えれば、利益があるかもしれないが、損をする可能性も予想される。プロスペクト理論では、消費者の選択には「損失回避性」が強く働くとしており、結局、消費者は、損失の方を恐れて現状を変えない方が良いという判断をすることになる。これを「後悔の回避」と説明する場合もある。

同じブランドの商品を買い続けたり，いつも同じメニューの食事をとり続けたりするのも，この現状維持バイアスと関係した行動であると考えられる。いわば，現状がある意味での「慣性」として働いているということもできる。現状維持バイアスは消費行動に限らず，われわれの日常の判断や行動のさまざまな局面で多く見受けられるバイアスの1つである。

1.4　消費者の選択と時間

（1）　双曲的割引

　現在の100万円と将来，たとえば5年後の120万円，どちらが得かと問われたら，「時間割引率」（将来の価値を現在の価値に評価し直す際の割引率（利子率））を用いて，5年後の120万円を現在価値に評価し直すことが考えられる。その際，毎年，時間割引率が一定であると想定するのが「指数割引」である。たとえば，割引率がiであるとすれば，120万円$\div(1+i)^5$を求めれば，将来の120万円を現在の価値に評価し直すことができるというのが伝統的経済学の基本的な考え方である。この時間割引率が一定ではなく，直近ほど高くなるようなケースを考えることも可能である。このケースは，割引曲線の形状が双曲線に似ていることから「双曲的割引」という。もし，仮に，消費者の判断や行動が双曲的割引に基づくものであれば，現在に比べて，近い将来の価値は，急激に減少することとなることから，現在を選択する「現在バイアス」が強くなると考えられる。人々が，目先の利益に左右されたり，問題を先延ばしする行動をとったりするのも，双曲的割引が一因となっていると考えられている。また，「ダイエットは明日から」，「タバコがなかなか止められない」，「クレジットカードの使い過ぎ」などのような現在を特別視する状況も，双曲的割引が関係していると考えられる。他方，自制心や社会的規範の存在は，双曲的割引ではなく，合理性に基づく指数割引的な選択を促す役割を担っているとも言えよう。

第5章 消費者の心理と行動　119

2 限定合理性と消費者トラブルへの対処

2.1　消費者は，何故，騙されてしまうのか

　前述のように，消費者の選択行動は，感情や直感，リスクや時間に関する限定合理的な判断など，さまざまな要因に左右されることが，行動経済学や心理学などによって明らかにされている。消費者トラブルの原因を分析すると，悪質業者が消費者の心理につけ込んで，消費者を騙そうとするケースが多く見受けられる。

　契約に関するトラブルでは，悪質業者の勧誘文言の常套句があることを思い起こしてほしい。以下，悪質業者の勧誘文言と行動経済学の関係についての桜井健夫東京経済大教授（2016）の分析に基づいて，2，3の事例を紹介してみたい。

> 例1　「必ず，利益が出ます」「元本保証です」

　消費者は，プロスペクト理論によれば，利得に関してはリスク回避的であり，「断定的判断の提供」につながる勧誘文言は，消費者のリスク認識を歪めることとなる。根拠のない断定的判断の提供は，金融商品取引法や特定商取引法（マルチ商法）などでも禁じられているが，詐欺的商法の古典的な常套手段である。冷静に考えれば，利益が出るのが確実ということはあり得ない。もし利益が出るのが確実でリスクがないなら，他人に勧めるより，自分自身で利益を増やした方が合理的なことは明らかである。

> **例2** 「損を取り戻しましょう」「この金額を追加しないと，これまでの分を守れません」

これらの事例は，消費者の損失時のリスク追求的な判断や行動を前提とした勧誘文言である。また，すでに大きな損失を重ねていると，消費者は，サンクコストの呪縛に陥りがちである。

> **例3** 「他の人も買っていますよ」

これは，利用可能性ヒューリスティックスにより生じる認知バイアスにつけ込むせりふである。振り込め詐欺の場合にもヒューリスティックスなどが関係している。被害者は，代表性ヒューリスティックスなどによって子供や孫からの緊急の振り込み依頼と信じ込んでしまっている。さらに，認知的不協和や自分に都合の良い解釈も加わって，警察官や銀行員などの制止を聞かずに，指定された ATM などに振り込んでしまう事例が後を絶たないのである。

これらの事例からわかるのは，悪質業者が消費者の限定合理性に巧みにつけ込んでいるということである。行動経済学の分析に頼るまでもなく，悪質業者は，いわば，動物的な勘で，消費者の心理を把握し，そのスキをつこうとしているのである。

消費者の限定合理性は，契約をめぐるトラブルに限られるものではない。重大製品事故報告制度で報告を受けた事故事例のうち，製品に起因する事故は約3割であるが，消費者の不注意，誤使用など，製品に起因しない事故も2割以上となっている。消費者の側に原因がある事故についても，その対応策が求められることは言うまでもない。たとえば，誤動作や重大な

第5章 消費者の心理と行動　121

故障が生じても安全を維持するフェイルセーフシステム，子供のいたずらによる事故を防止するための仕組みとしてのチャイルドプルーフなど，消費者の不注意や誤使用を予め想定した製品の設計もその実例である。また，製品の使用者の属性，環境，使用状況等に応じた注意喚起や広報も求められている。製品安全を確保していくためには，消費者行動の限定合理性をふまえ，心理学や行動経済学などの知見を活用して，個々の消費者の状況に応じたきめ細かな対応を工夫していくことが重要であると言えよう。

2.2　トラブルにどう対処すべきなのか

　行動経済学的なアプローチは，消費者トラブルの実効ある解決にヒントを与えてくれる。情報の非対称性は，トラブルの主な原因のひとつである。マーク制度や認証制度，食品や家庭用品に関する表示制度など，さまざまな情報提供に関するアプローチが考えられる。情報提供の主体は，企業や政府である。質の高い情報の提供が可能となれば，消費者はトラブルに巻き込まれにくいと考えられる。

　ただし，行動経済学的な視点に立って，現在の情報提供の仕組みを見直すと，仮に適切な表示制度や認証制度，マーク制度などがあったとしても，情報の受け手である消費者の側が，その内容を確認し，自らの判断や行動に反映できるかどうかは，必ずしも明らかでない。消費者の判断や行動は，行動経済学が示すように，消費者の心理，消費行動を取り巻く環境などに依存すると言えよう。その意味では，限定合理的な消費者の判断，行動を前提としたきめ細かな情報開示，情報提供が必要となるのである。

　さらに，消費者トラブルを回避するために，デフォルト（初期設定，初期値）や前述のフレーミングを活用することについても研究がなされている。OECD（2010）によれば，列車のオンライン予約について，デフォルトを「自由席」から価格の高い「指定席」に変更したところ，指定席の予

約が5倍に増加したことが報告されている。デフォルトやフレームをどう設定するかによって，消費者の選択行動に大きく影響することが知られている。消費者は初期値の設定に影響されやすい。初期値を価格の高いオプションに設定すると，消費者はそれを選択する傾向があるのである。

　また，フレーミング次第で，消費者の評価が大きく変わることは，前述の通りである。消費者政策は，こうした状況をふまえて適切なデフォルトやフレーミングの設定に関与すべきとの立場がある。他方，こうした政策の介入は，消費者の選択の範囲を狭めることとなり，問題が大きいという指摘もある。この問題については，次章で詳しく論じたい。

3 | 現代消費者の課題と消費経済学の視点

　現代の消費者が直面する新たな課題に消費経済学はどう応えるべきなのだろうか。状況の脆弱性，ネット社会，エシカル消費の3つのテーマについて，消費経済学の視点から考えてみたい。

3.1　消費者の脆弱性

（1）　消費者の脆弱性に関する2つの概念

　松本恒雄（2018）は，消費者の脆弱性には，「個別の状況に由来する消費者の脆弱性」と「一定の層として存在する消費者の脆弱性」の2つがあるとしている[2]。OECD勧告や国連消費者保護ガイドラインにおいては，「個別の状況に由来する消費者の脆弱性」，「一定の層として存在する消費者の脆弱性」に対応するものとして，それぞれ，「脆弱な消費者（vulnera-

---

2　松本（2018）2-3頁。

ble consumers)」と「不利な条件に置かれた消費者（disadvantaged consumers)」という2つの概念が使い分けられている。OECDの定義によれば，前者は，「特定の商品の市場の特徴，商品の品質，取引の性質，消費者の特性又は状況のために，特定の時点において損害を受けやすい消費者」とされる。長時間の勧誘で心理的に追い込まれている消費者や日本において，日本語や日本の習慣がわからない状況にある観光客などがこれに該当すると考えられる。また，後者は，「継続的に損害を受けやすい特性をもち，又はそのような状況に置かれた消費者」とされる。子どもや障がい者，高齢者などがこれに該当すると考えられる[3]。

（2）　状況の脆弱性と社会的包摂

　超高齢社会の到来，ネット社会の中でのデジタル・デバイドや悪質な商法の横行，高度科学技術社会への適応力の制約，人権意識の高まりなどのさまざまな状況変化の下で，「脆弱な消費者」への支援のあり方は，大きな社会的課題となりつつある。市場における消費者の限定合理的な行動をどう受け止め，対処していくのかは消費経済学の基本的な課題である。ここで，留意しなければならないのは，消費者を一般の消費者と制約の大きな脆弱な消費者に分けて対応を考えることの問題点である。第3章でも指摘したように，あらゆる消費者は，状況によって脆弱性を生じ得る。たとえば，認知症というだけで，買い物や交通機関の利用などの消費活動から排除されるべきでないことは明らかである。超高齢社会を迎える中，認知症患者の数は急速に増加している。もちろん，認知症は，進行状況によってさまざまなレベルがあり，軽度の認知症では，買い物や交通機関の利用などの消費者としての日常活動は十分可能なケースも多いと考えられる。

3　松本（2018）2 - 5頁。

こうした状況においては，個々の消費者の置かれた状況に応じて，消費者の側から市場における消費行動を捉え直す時，はじめて制度の不備や支援のあり方が明らかになると言えよう。誰が，どのような支援をなすべきなのか，情報提供のあり方は適切なのか，前述の行動経済学等の知見も活用しつつ，1つ1つの課題を解明していかなければならない。

菅富美枝（2018a）は，次の2点を指摘している[4]。『①判断能力不十分者を特別な範疇の消費者として扱うのではなく，消費者であれば，多かれ少なかれ持ちうる「消費者脆弱性」を有している人々として一般的に捉えること。②「消費者脆弱性」は，多面的，複合的であり，環境によって，発現が助長されたり抑制されたりするものとして捉えること。』

脆弱な消費者の問題を考えるに当たっては，菅が指摘するように，まず，基本的な認識として，すべての消費者が有する「状況的」脆弱性を重視すべきである。その上で，個々の消費者の脆弱性が生じる要因を明らかにし，その是正に取り組んでいくことが求められる。もちろん，消費者の脆弱性の要因を把握し，支援を行う上では，「脆弱な消費者（vulnerable consumers）」と「不利な条件に置かれた消費者（disadvantaged consumers）」，あるいは「個別の状況に由来する消費者の脆弱性」と「一定の層として存在する消費者の脆弱性」といった区分は一定程度必要となると思われるが，こうした区分が，消費者の「社会的な排除」とならないよう留意していかなければならない。

（3） 高齢者，障がい者と買い物支援

具体的な事例を考えてみよう。障がい者の買い物行動と消費者トラブルに関して，消費者庁が徳島県，岡山県で実施した調査[5]では，障がい者は，

4　菅富美枝（2018a）。
5　消費者庁「平成29年度障がい者の消費行動と消費者トラブルに関する調査」。

全体として，買い物好きな人が多いことが明らかになった（「買い物がすごく好き」，あるいは「買い物が好き」と回答した者の割合は，精神障がい67.7%，知的障がい81.6%，発達障がい65.5%，これは，消費者意識基本調査における「買い物が好き」との回答，59.4%を上回る）。

　他方，障がい者は，消費者トラブルを経験した割合が極めて高くなっている（精神障がい37.2%，知的障がい20.3%，発達障がい27%であり，消費者意識基本調査におけるトラブル経験7.7%を大きく上回る）。本調査の結果から，障がい者への支援体制の立ち遅れが，障がい者の消費行動の機会を大きく制約し，消費者トラブルを多発している実態が明らかになる。障がい者の消費行動への家族，企業，支援機関，ボランティアなどの幅広い支援体制の整備によって，障がい者が安心して買い物を楽しめる環境の整備が急務であると考えられる。

　高齢者や認知症の人々，障がい者の社会参加に関しては，たとえば，スーパーマーケットなどでの買い物の際，高齢者や認知症の人々，障がい者がゆっくりとレジでの支払いができるよう「スローレジ」を設けるという取組みが始まっている。また，高齢者の店舗での買い物をサポートするボランティア活動，「買い物お助け隊」などの取組みも見られる。その他，さまざまな支援活動が全国各地で展開されている（次頁の写真参照）。

　英国のスーパーでも，高齢者や認知症の人々，障がい者に買い物を楽しんでもらう「スローショッピング」などの試みもある。他方，認知症による社会活動の制約を打破するため，交通機関の従事者が，認知症に対する理解を深めるなど，認知症フレンドリーなコミュニティづくりも始まっている。公的支援体制という観点からは，高齢者，障がい者，認知症などにより判断力が不十分な人々の消費者被害を防止するため，地方公共団体と地域関係者が連携した「見守りネットワーク」（消費者安全確保地域協議会）の設置が改正消費者安全法（2014年）により進められている。2018年

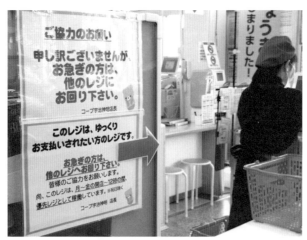
（スローレジ）　京都生協，宇治神明店

　9月時点では，全国に179カ所の見守りネットワークが設立されているが，その充実が急務となっている。英国の自治体の一部では，契約などに際して，高齢者が被害に遭わないよう，隣人による見守り制度[6]（Nominated Neighbours Scheme）が整備されているが，こうした仕組みも被害防止の観点から重要である。

　こうしたさまざまな取組みが，障がい者の消費者行動をどう支えているのかを科学的に検証し，状況の脆弱性に応じて，個々の消費者が市場において活動を広げられるよう支えていくことは，消費経済学の課題の1つであると考えられる。

（4）　広告や情報の提供における配慮

　次に，子どもに対する広告の問題を考えてみよう。わが国では，欧米諸国と比較しても，子どもに対する広告規制が不十分な状況に止まっている。

---

[6]　あらかじめ信頼のおける隣人を決めておき，訪問販売に際して，まず，その隣人の元に行くよう指示するステッカーを郵便受けなどに掲示しておく仕組み（菅（2018b）21頁）。

米国での心理学的な研究によれば，4，5歳以下の子どもでは，広告と番組の区別がつかず，7，8歳でも広告の意図を十分に理解できていないとされる。こうした状況をふまえ，スウェーデンやノルウェー等では，12歳未満の子どもに対する広告を禁止している。また，国際商業会議所や，米国など各国の産業界などにおいても自主規制が行われている。わが国では，(公社)「セーブ・ザ・チルドレン・ジャパン」の呼びかけにより組織された有識者会議により，2016年10月，「子どもに影響のある広告およびマーケティングに関するガイドライン」が制定されるなど，自主的な取組みが始まっているが，子ども向けのテレビ番組と商品広告が一体化するケースなども多くみられることから，市場における消費者としての子どもの権利を尊重し，子どもの置かれた状況の脆弱性をふまえた責任と節度のあるマーケティングを行っていくことが強く求められている。

　いずれにしても，子どもの広告問題は市場経済に委ねられるべきでないことは明らかである。子どもの行動は，限定合理的であり，市場における消費行動には極めて大きな制約が存在する。子どもに対する広告情報の提供が，子どもの判断に与える影響を分析し，広告のあり方を考えることも消費経済学に課せられた課題の１つであると考えられる。

　また，食品表示の分野では，近年，原産地表示，遺伝子組み換え，食品添加物などに関連して，義務的な表示事項が増加し，商品表面の表示可能部分が限られている中で，高齢者や障がい者が，買い物等の際に細かな表示事項を確認しにくい事態も生じている。消費者庁の食品表示に関する調査[7]では，今後の表示制度の改善策として，全体の39.2％の消費者が「情報量を絞り，文字を大きくすること」を希望しているが，60歳以上の場合にはその比率は50.5％となっている。米国では，食品成分表示に関して，

7　「平成29年度食品表示に関する消費者意向調査」(消費者庁)。

最も重要な成分に関する情報が伝わるよう，表示の情報量を規制している。安全情報に関しては，視覚的な警告表示を採用している国も多い。わが国においても，消費者の置かれた状況の脆弱性をふまえ，インターネットやQR コードの活用，活字の見やすさに関する印刷技術，人間工学的な配慮などを含め，すべての消費者に対して効果的な食品表示の方法を検討していく必要があると考えられる。情報の非対称性を解消するための仕組みづくりは，市場における消費行動の基礎となるものである。行動経済学や心理学の成果もふまえつつ，消費者の状況の脆弱性に応じた情報提供の仕組みを工夫していくことが求められている。

（5） 製品安全に関する取組み

　製品安全の面では，こうした消費者の脆弱性に配慮した製品の安全対策は，すでに一般的なものとなっている。製品安全に関しては，本章2でも述べたように，フェイルセーフやチャイルドプルーフなどの製品設計から，消費者への安全情報の提供まで，消費者の状況に応じた誤使用防止のためのさまざまな対策が講じられている。また，ユニバーサルデザインのように，年齢や障害・能力の如何を問わずに利用できる施設・製品などの設計，デザインを行おうとの取組みもある。

　製品事故の概念自体，製品の機能の高度化，消費者の意識の高まりなどを反映して，時代とともに大きく変化して来ていると言えよう。たとえば，コンロでのてんぷら油の過熱による火災は，従来，主として消費者の不注意に起因するとされてきた。しかしながら，2008年からは，火災の多発に対処するため，家庭用ガスコンロへの調理油加熱防止装置および立ち消え安全装置の搭載が義務づけられることとなった。また，ライターを使用した子どもの火遊びによる火事の多発に関しても，2010年，ライター規制が導入され，玩具型ライターの販売禁止，子どもが簡単に操作できないチャ

イルドレジスタンス機能の導入などが義務づけられることとなった。これらの規制の背景にあるのは，従来は，消費者の不注意，誤使用などとされてきたケースについても，個々の消費者の置かれた状況をふまえて，企業が適切な商品設計や情報提供を行っていかなければならないとの考え方である。さらに，ホームセンターなどで販売されている家庭用シュレッダーでの子どもの手指の負傷事故についても，親の不注意，子どもの誤使用を問うのは適切でなく，子どもがいる家庭での使用を考慮した設計，製造の変更をせずに販売を続けたこと自体が問題であり，こうしたケースは「製品事故」に該当するとの経産省の見解が示されている。以上のように，製品安全対策については，消費者の状況の脆弱性や限定合理性を考慮した新たな市場のルールや情報提供のシステムが構築され始めている。今後，さらに，消費経済学的な視点から検討を深め，課題の解決を目指していくことが重要であると考えられる。

3.2 ネット社会と新たな"消費者"の出現

　現代のネット社会の拡大の中では，取引に素人の消費者が，商品やサービスを提供するケースが増え始めている。SNSなどを通じて形成された新たなつながりがそのベースにある。また，SNSは，企業と消費者の「価値共創」といった新たな価値創造のプロセスを提供してくれる。他方，ネット取引が一般化するに伴い，消費者の限定合理性や情報の非対称性といった市場での制約は一層深刻化すると懸念される。消費経済学は，行動経済学等の成果をふまえつつ，ネット社会の状況変化に対する科学的な分析と具体的な対応方法を明らかにしていかなければならない。

（1）オンラインプラットフォーム
　ネット社会の発達は，"消費者"の概念そのものを根底から変化させ始

めている。C to C はその一例である。たとえば，フリーマーケットサイトでは，スマホ等を介して，不要となった日用品等が消費者間で売買されている。ネットオークションでは，C to C だけでなく，B to B，B to C の取引も行われている。これらの取引は，いずれもインターネット上のマッチングプラットホームを介して行われる。これらの取引では，多くの場合，素人である消費者が直接，財，サービスの提供者となる点が特徴的である。シェアリング・エコノミーのように，個人が保有する活用可能な資産等（①モノのレンタル，②建物などの空間の利用，③家事代行，介護，育児などのスキルの提供，④カーシェア，ライドシェアなど移動手段の提供，⑤クラウドファンディングなど）について，プラットフォームを介して利用する取引形態も急速に発達している。2017年時点では，わが国のフリーマーケットの市場規模は4,835億円，ネットオークションの市場規模は全体で1兆1,200億円，C to C だけでも3,569億円にのぼると推定されている。

　C to C 取引においては，取引経験に乏しい素人の消費者自身が，財，サービスの提供者となるため，企業と消費者の間の通常の取引に比べて，問題が発生する可能性が高い。たとえば，実際に，違法な出品物が販売されたり，不適切な広告が行われたりするケースも多発している。こうした消費者トラブルに関しては，財やサービスの提供者が個人であることから，対処が難しいケースが増加している。ネットを通じた取引形態の拡大は消費者の利便性を飛躍的に向上させる可能性を有しているが，消費者側のトラブルへの不安，トラブル解決のためのルール整備の遅れなどがある限り，新たな取引形態の普及には一定の制約があると言わざるを得ない。

　そこで，こうしたサイトの運営者やネット上のショッピングモールの運営者，いわゆるオンライン（デジタル）プラットフォーマーの役割が注目されている。「プラットフォーマー」は，検索，EC（ショッピングモール，

第5章　消費者の心理と行動　　131

オークション，フリーマーケット），コンテンツ（アプリマーケット），決済，SNSなど，ネット取引の基礎環境を提供する事業者を指す言葉であり，その事業内容は多岐にわたっている。個人間の取引やショッピングモールを利用した取引に関して，市場の秩序を維持し，信頼を高め，安心，安全な取引を行っていく環境を整備していくためには，サイトの運営者であるプラットフォーマーが重要な役割を担うことを求められている。とりわけ，ネット市場の基本的なルールを整備するとともに，対象商品・サービスの評価・レビュー，商品・サービス提供者のレーティング（格付け）などの消費者に向けた情報提供の仕組みをどう構築していくかが大きな課題となっている。

（2）　ネット情報と若者の心理

　他方，ネットによる取引の拡大とともに，ネットを利用する消費者の心理や行動の特徴が明らかになってきた。消費者庁が2018年に行った若者の消費者被害の心理的要因に関する1万人規模の実態調査[8]では，SNS上でしか知らない「信頼できそうな人」「面白そうな人」からの勧誘メッセージについて，勧誘を受けた経験のある若者の約半数が「絶対に応じない」とは回答していない。その背景には，SNS上で知り合った相手を安易に信用してしまう若者の心理が存在することが調査から浮き彫りになった。すなわち，①直接会ったことのないSNS上での友人を持つ若者は33％，②SNSに対して特別な警戒感を持たない若者は36％，③何度かSNS上でやりとりすれば，相手が信用できるかどうか分かるとする若者は19％，存在することが明らかになった。筆者が行った大学生の消費行動と口コミ情報に関する調査[9]でも，商品購入時にスマホ等の口コミ情報を何らかの形

8　消費者庁（2018）「若者の消費者被害の心理的要因からの分析に係る検討会報告書」。
9　樋口（2017）「消費社会のパラダイムシフトと消費経済学の課題」。

で活用する者は95.1％に上っており，そのうち，重要情報として活用するものは17.5％，ケースバイケースで活用するものは56.8％であった。

　SNSは，情報をやりとりするシステムというだけでなく，「ネット社会」を形成し，若者の生活に深く関わっているのである。「ネット社会」は，若者に限らず，今後ますます消費者の生活全般と密接に関わるものになっていくと見込まれる。こうした環境変化の下で，個々の消費者の置かれた状況や心理状況をふまえた消費行動の調査分析と限定合理的な消費行動を前提としたきめ細かなトラブル防止策が求められることとなると考える。ネット社会において市場の信頼を確保し，安全，安心な取引を実現していくことは消費経済学に求められた基本的な課題であると考えられる。とりわけ，シェアリング・エコノミーやフリーマーケット，ネットオークションなどC to Cの取引が拡大する中では，これまでの市場における消費者取引の制度自体の限界が明らかになっている。次章では，市場機能の在り方に着目して，この問題の解決策を探ってみたい。

3.3　企業と消費者の「価値共創」

（1）　価値共創とは

　ネット社会の拡大は，C to Cのような新たな社会的な関係性を生み出すばかりでなく，既存の企業と消費者の関係性にも革新的な変化をもたらす。経営学者のプラハラードは，ネット社会における5つの変化を指摘する。①インターネットによる豊富な情報の入手，②グローバリゼーションによる消費者の選択の拡大，③ネットワーキングによる消費者コミュニティの形成，④製品の試用，開発への消費者の参加，⑤消費者サイドから企業への積極的な意見の提示の諸点である。プラハラードは，「製品設計，生産プロセスの企画，マーケティングメッセージの考案，販売チャネルの管理など」事業の各側面で，消費者が参加し，消費者と企業が交流・協働

することにより，新たな価値を生み出す「価値共創」に着目している。

　経営学者フィリップ・コトラーのマーケティング3.0，やマーケティング4.0においても，こうした価値共創の考え方に基づくマーケティング論が展開されている。コトラーによれば，「マーケティング」は，20世紀には大量生産・大量消費を背景として，製品をマス購買者に売り込むための手段であった（「マーケティング1.0」）。その後，「マーケティング」は，情報技術の発達とともに，個々の消費者のニーズに合わせ，差別化され，カスタマイズ化された商品を販売する，消費者志向のマーケティングへとその役割を変化させた（「マーケティング2.0」）。これは多品種少量生産という生産システムの側の変化にも呼応している。現代においては，マーケティングは，さらなる進化を遂げつつある。新しい時代を担う「マーケティング3.0」は，価値主導のマーケティングとして位置づけられる。すなわち，「マーケティング3.0」では，「消費者はグローバル化した世界をよりよい場所にしたいという思いから，自分たちの不安に対するソリューション（解決策）を求めるようになっている。混乱に満ちた世界において，自分たちの一番深いところにある欲求，社会的・経済的・環境的公正さに対する欲求に，ミッションやビジョンや価値で対応しようとしている企業を探している。選択する製品やサービスに，機能的・感情的充足だけでなく精神の充足をも求めている」とされる（**図表5－3**）。このような価値主導のマーケティングが可能となった背景には，ソーシャルメディアのようなニューウェーブの技術によって，消費者が受け身の存在ではなく，能動的な存在として，新たな価値を生むプロセスに積極的に関与し，消費者と企業による価値共創が一層実現されやすくなったことが挙げられよう。コトラーは，その後，マーケティング4.0を提唱しているが，その内容はマーケティング3.0の延長線上に位置づけられるものである。マーケティング4.0では，デジタルエコノミーの下で，企業が，マーケティングとい

図表 5 - 3 ◆ マーケティングの進化

マーケティングの段階	社会的背景	マーケティングの手法
販売志向のマーケティング（マーケティング1.0に対応）	大量生産・大量消費型経済	量産品の販売戦略
消費者志向のマーケティング（マーケティング2.0に対応）	多品種・少量生産システムの実現，情報技術による顧客管理等	顧客ニーズに応じた製品差別化
価値主導のマーケティング（マーケティング3.0，4.0に対応）	ソーシャルメディア，情報技術等による消費者の参加・協働，企業との価値共有（製品・サービスだけでなく，企業活動の全容を消費者が把握・評価）	消費者との協働による企業の社会的価値（持続可能性等）の創出

（出所）　コトラー（2010），コトラー（2017）に基づいて，筆者作成。

う形で，どのように消費者の自己実現を支援・促進すべきか，具体的な方法論を明示している。

（2）　エシカル消費

　近年，消費者のエシカル（倫理的）消費（持続可能な消費）の重要性が強調されている。消費者は，市場において受け身の存在ではなく，積極的に社会的価値を選択すべきであるとする考え方である。ここで言う社会的価値としては，環境，食品ロス削減，地産地消，被災地の復興，開発途上国の生活改善など，多様な社会的課題への対応を念頭に置いた消費行動が想定されている。伝統的経済学のモデルは，個人の満足最大化という個人主義的な仮説を前提としている。エシカル消費では，多くの人々が受け入れ可能な一定の価値観を社会的に共有することが暗黙の前提となっている。こうした考え方の基礎には，他者に対する共感や，サステイナビリティに関するグローバルなコンセンサスが存在すると言えよう。

エシカル消費では，こうした価値観が消費者の選択行動を通じて市場において企業活動に反映することを想定する。前出のコトラーは，消費者との協働による企業の社会的価値の創出をマーケティング3.0や4.0の中心に据えている。すなわち，マーケティング3.0，4.0を実行する企業は，「世界の貧困や環境破壊など持続可能性を阻害する問題に直面する人びとに，解決策と希望を提供し，より高い次元で消費者を感動させる役割を担うことになる」[10]としている。今日，消費者は，市場において，サステイナビリティ（持続可能性）を考慮した選択行動を求められており，企業もそうしたニーズに応えていく必要があると考えられているのである。「持続可能な生産と消費」は，SDGsの目標の1つともなっている。サステイナブルな社会的価値の創出は，企業にとっても，消費者にとっても本来的なもののはずである。2015年に実施された内閣府の世論調査では，おおむね3分の2の消費者が，商品・サービスの選択に当たって社会的課題につながることを意識しているとの結果が得られている（**図表5-4**）。現代において社会的価値の選択の在り方を考えることは，消費者や企業の行動を考える上で極めて重要な意味を有している。消費経済学においては，3つのサブ経済システムの調和をとりつつ，サステイナビリティを目指す社会的価値の具体的な選択の可能性を明らかにしていくこととなる。

サステイナビリティや価値共創に関連した事例を考えてみよう。英国の高級ブランド，バーバリーが2017年度，売れ残りの衣料品，香水，アクセサリーなど約41億円相当の商品を焼却などの廃棄処分にしたと報じられ，環境団体等の強い批判が起きた。その後，バーバリーは，2018年9月，廃棄処分を即時停止し，今後は再利用や寄付に努めると発表した。バーバリーが売れ残り品を大量に廃棄したのは，商品の横流しなどにより安価品

10　コトラー訳書（2010）18頁。

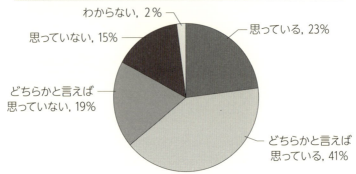

図表5-4 ◆ 社会的課題への意識と商品選択

が出回り，ブランド価値が毀損することを防ごうとしたためであると考えられる。この事例は，本書冒頭の「怒りの葡萄」の1シーンにも共通するものがある。市場メカニズムの原則の下では，一般的には，消費者が選択しない商品は，廃棄されることとなる。寄付など市場外の取引を行えば，結果として，市場価格が下落し，企業は損失を被ることとも成りかねない。とりわけ，高級ブランドでは，安価品の出回り等により，長年築いてきたブランドイメージを毀損してしまえば，損失は極めて大きくなることも予想される。過剰供給を避けるには，消費者の需要をきめ細かく予測するとともに，生産や流通の体制を見直し，需給のマッチングを機動的，弾力的に行っていく必要があるが，これは技術的には容易なことではない。従来の経済学では，こうした需給のミスマッチの問題を経済学の基本的なフレームの外の問題として扱いがちであった。経済的合理性の観点だけから言えば，バーバリーが売れ残り品を焼却処分にしても，ブランド価値や顧客需要を守るべきとの結論は市場経済においては一定の合理性があると考

えられる。ただ，この問題は，消費者の意識や選択行動のあり方とも深く関わっている。バーバリーは消費者のサステイナビリティに関する価値観の変化を考慮して商品廃棄を止める姿勢を打ち出したが，こうした姿勢が市場で評価されるかどうかは，消費者の選択次第であると言っても過言でない。消費者の行動次第で，企業は問題解決への手がかりをつかむことができるのである。そうだとすれば，どのような制度的要因（心理，文化，価値観，法規制など）が消費者の意識や市場における行動に影響を与えているのかを明らかにすることが課題となる。

　また，2018年7月の朝日新聞報道では，わが国でも，年間十億点あまりの各ブランドの新品の服が在庫処分され，廃棄されていると推測している。その背景には，消費者の需要に応えるため，春夏秋冬の4シーズンではなく，さらに季節を細分化した8シーズンを前提として商品を供給せざるを得ない需給構造上の問題などがあると考えられる。

　この問題の本質は，フードロスの問題とも共通する側面がある。食品ロスが大量に発生する一因は，わが国の食品メーカーとスーパー，コンビニエンスストアなどの小売店の間に存在する3分の1ルール（原則として，賞味期限の3分の1の期間内に食品メーカーは納品し，小売店は賞味期限の3分の2まで販売するという商慣行）にあると言われている。消費者は，賞味期限間近のものより，できるだけ新しい食品を求めようとする。こうした傾向は日本では特に顕著であると言われている。小売店側は，こうした消費者の動向に応えようとするため，メーカーに3分の1ルールを求めてきたのである。3分の1ルールはわが国の消費者や小売店などのマインドを反映した独特の商慣行で，諸外国ではこれほど短期間の納品期限は見られない（米国は，2分の1，欧州は3分の2）。

　衣料や食品に関する慣行は，日本人のライフスタイルや心理，習慣，文化などの市場外の制度的要因と密接に関連していると考えられる。こうし

た慣行を改善して，衣服や食品のロスを減らしていくためには，市場の
ルールを見直すだけでなく，その根底にある消費者の意識改革や消費行動
分析が不可欠であることは言うまでもない。

　以上のように，サステイナビリティの実現のためには，市場取引だけで
なく，社会制度や慣習，価値観なども考慮しつつ，生産と消費の両面から
価値共創への取組みを進めていく必要がある。その際には，社会的価値に
関する一定のコンセンサスも重要となる。もちろん，人々の社会的価値の
多様性は，尊重されなければならない。それぞれの国の歴史や文化，民族
や宗教，経済状況などを反映して，社会的価値に対する見方は異なってい
る。その点では，エシカル（倫理的）消費という表現は，「倫理」という
言葉の持つ社会規範性が強調されるため，社会的価値の多様性を狭めてし
まうのではないかとの懸念もなしとしない。エシカル消費が特定の倫理観
や価値観の押し付けとならないよう，十分留意する必要がある。いずれに
しても，消費者は，サステイナブルな社会の実現に向けて，共感をベース
に，企業や行政，NPO などさまざまなアクターとの連携・協働を深めて
いく必要がある。企業と消費者の価値共創のあり方を市場と制度の関係の
視点から解明することは，消費経済学の重要課題の１つであると考えられ
る。

◆　**参考文献** ─────

Kotler, P., and H. Kartajaya, I. Seriawan（2010），*Marketing 3.0 : From Products to Customers to the Human Spirit* : John Wiley & Sons, Inc.（恩蔵直人，藤井清美訳（2010）『コトラーのマーケティング3.0』朝日新聞出版）

Kotler, P., and H. Kartajaya, I. Seriawan（2017），*Marketing 4.0 : Moving from Traditional to Degital* : John Wiley & Sons, Inc.（恩蔵直人，藤井清美訳（2017）『コトラーのマーケティング4.0』朝日新聞出版）

Motterlini. M,（2006），*Economia emotiva. Che Cosa Si Nasconde Dietroi Nostri*

Conti Quotidiani：RCS Libri S. p. A.（泉典子訳（2008）『経済は感情で動く：はじめての行動経済学』紀伊国屋書店）

Motterlini. M（2008）, *Trappolementali. Come Difendersi Dalle Proprie Illusioni E DagliInganni Altrui*：RCS Libri S. p. A.（泉典子訳（2009）『世界は感情で動く：行動経済学からみる脳のトラップ』紀伊国屋書店）

Prahalad, C. K. and V. Ramaswamy,（2004）*The Future of Competition*：*Co-Creating Unique Value with Customers*：Harvard Business Review Press（有賀裕子訳（2013）『コ・イノベーション経営―価値共創の未来に向けて』東洋経済新報社）

Thaler, R. H. and C. R. Sunstein,（2008）*Nudge*：*Improving Decisions About Health, Wealth, and Happiness*：Yale University Press（遠藤真美訳（2009）『実践行動経済学―健康，富，幸福への聡明な選択』日経 BP 社）

依田高典（2010）『行動経済学』中央公論社

桜井健夫（2016）「消費者被害救済の実務における行動経済学的知見の活用」『現代消費者法』No. 33，民事法研究会

菅富美枝（2018a）『新消費者法研究―脆弱な消費者を包摂する法制度と執行体制』成文堂

菅富美枝（2018b）「『脆弱な消費者』を包摂する法・社会制度と執行体制―イギリス法からの示唆」『国民生活研究』第58巻第 2 号12-45頁

多田洋介（2014）『行動経済学入門』日本経済新聞出版社

友野典男（2006）『行動経済学』光文社

松本恒雄（2018）「『脆弱な消費者概念』と消費者政策」『国民生活研究』第58巻第 2 号1-11頁

Introduction to Economics of Consumption

第6章

市場の機能と消費者政策

- 本章では，消費経済学の観点から，「企業」（第4章），「消費者」（第5章）に続き，「市場」の問題を取り上げる。市場において，消費者が，トラブルに遭うことなく，サステイナブルな選択行動を通じて積極的な役割を果たしていくためには，悪質な事業者を排除し，市場における競争の質，情報の質，製品の質を確保することが不可欠な課題であると言えよう。さらに，消費経済学では，ソフトローや市場への情報提供などを通じた「規範的市場メカニズム（Market Governance Mechanism）」により，市場の機能を高めることが重要であることを指摘する。
- また，こうした規範的市場メカニズムの役割をふまえて，消費者政策のあり方を明らかにする。これまでの消費者問題と消費者政策の変遷をたどり，これを前提として消費経済学を活用した今後の消費者政策について考える。その際，行動経済学において提起されたナッジやリバタリアン・パターナリズムの考え方を取り上げ，消費者政策が市場にどこまで介入すべきなのかという基本的問題についても考察する。さらに，消費者自身の課題としての学習や連携・協働の必要性，消費者市民社会の意義についても論じる。

1 | 市場の機能

1.1 市場の質

　現代経済において，価格メカニズムを基本に据えた市場経済システムが重要な役割を担っていることは疑いがない。時々刻々変化する個々の消費者の需要動向や企業側の供給動向に関する膨大な情報を収集し，これを瞬時にマッチングさせるような，市場に代わる効率的な資源配分の仕組みを構築することは，AI が発達した今日においても不可能に近い。その意味では，市場経済システムのもたらす効果と問題点を把握し，それを如何に有効に活用していくかを考えることは，依然として，経済学の基本課題であると言えよう。

　では，電子商取引など，ネット上の取引の拡大は，市場経済システムにどう影響するのだろうか。インターネットのシステムは，一般的には，情報収集のコスト（情報収集のための金銭的コストや時間的コスト）を大幅に引き下げてくれるように見える。他方，現代においては，宅配便や物流システムの発達により，遠距離の商品調達コスト（交通費，輸送費，移動時間，輸送日数など）も大きく低下している。その結果，同質の商品・サービスの価格は同一となるという「一物一価の法則」が機能しやすい市場環境が拡大しているとも考えられる。ただ，こうした議論は，ネットを通じた情報の信頼性が高いという前提に立っていることに留意しなければならない。悪質業者が介在すると，虚偽の情報が出回り，市場の機能が大きく損なわれるおそれもある。しかも，前章でも見たように，SNS などの普及により，ネット社会に特別な価値を見出し，口コミやネット上の情

報を受け入れる消費者も急激に増加している。こうした状況の下では，ネット市場は，従来の市場経済システム以上に，その「信頼性」が問われているのである。

　矢野誠京都大学名誉教授は，「市場の質」という概念を提唱している。市場の質は，競争の質，情報の質，製品の質の3つの要素により構成される。質の低い市場では，競争が制限され，情報が改ざんされ，粗悪品が横行する。悪質業者の存在は，市場の質を低下させ，消費者被害を多発させる。矢野氏は，競争の質，情報の質，製品の質を確保し，市場の質を高めることが重要であることを指摘する。高質な市場が実現すれば，市場への信頼性が高くなる。とりわけ，ネット取引では，情報の質の問題が大きな課題となっている。

　確かに，市場の質を高めることは，市場経済システムを機能させる上では不可欠の要素である。ただ，本書では，仮に高質な市場が実現したとしても，市場機能に限界があることを明らかにしてきた。

1.2　市場機能の限界

　第3章では，市場機能の限界として，①情報の非対称性，②限定合理性，③サステイナビリティへの対応の3点を指摘した。たとえ，情報の質が高くても，情報の非対称性の解消につながらないケースが存在することは明らかである。情報の非対称性を解消する取組みがなければ，市場機能を高めることとはならない。限定合理性に基づく行動は，古典的な経済学の根底にある経済人の仮定とは相容れないが，多くの消費者にとっては日常的なことである。サステイナビリティへの対応は，社会的価値の選択に関わるものであり，競争的市場のみでは必ずしも実現しない。これらの課題に市場経済システムが適切に対応していくためには，市場を支える制度的な要因の役割を見直し，市場のガバナンス機能を検証することが必要となる。

第6章　市場の機能と消費者政策　　145

1.3　規範的市場メカニズムの重要性

（1）　規範的市場メカニズムとは

　上記のような課題に対応していくためには，市場の規範的な機能（ガバナンス機能）を強化していくことが1つの選択肢となり得る。市場におけるガバナンスの機能としては，一般には，①税，補助金などの経済的インセンティブ，②法規制，自主ルールなどの社会規範，③認証，規格などの情報提供など，企業行動や消費者の選択に影響を与える制度的要因が挙げられる。本書では，これらの機能を総称して，「マーケット・ガバナンス・メカニズム」（「規範的市場メカニズム」）と呼ぶ。近年，欧州を中心に，グローバルな市場に関して，Market Governance Mechanism という言葉が使われている。筆者は，これを「規範的市場メカニズム」と訳し，これまでの Market Mechanism（「自律的市場メカニズム」）と対比する形での市場の機能の特徴として位置づけた[1]。

図表6-1 ◆ 「規範的市場メカニズム」の構成要素

ガバナンスの手段	具　体　例
法規制（ハードロー）	条約，法律，条令，調達ルールなど
社会規範（ソフトロー）	ISO26000，責任投資原則（PRI），国連グローバル・コンパクト，サプライチェーン CSR，ガイドライン，自主ルール，行動基準，点検リストなど
経済的インセンティブ	税，補助金，排出権取引制度，社会的責任投資（SRI），生態系サービスへの支払い（PES）など
市場への情報提供	マーク・認証（例.フェアトレード認証），表示，企業のサステイナビリティ報告書，評価指標，ビジョンなど

（出所）　筆者作成。

1　樋口（2015）124頁参照。

市場におけるガバナンス機能の強化は，消費経済学が対象とする①情報の非対称性，②限定合理性，③サステイナビリティに関して，一定の課題解決の方向性を示すこととなると考えられる。①情報の非対称性に関しては，企業の消費者への情報提供をどう促していくのかが重要であると考えられる。その意味では，認証，規格，マーク制度などを通じた消費者への情報提供の役割は大きい。②消費者の限定合理性を補うためには，ハードローやソフトローなどの市場の規範の存在が重要であると言えよう。また，前述の認証，規格，マーク制度なども，消費者の適切な選択をサポートする手段となり得る。③サステイナビリティを実現するためには，制約の大きなハードローだけでなく，企業の自主的な取組みやガイドラインなどのソフトローの形成プロセスが注目される。サステイナビリティという社会的価値を地球規模で確立させていくためには，ソフトローが大きな役割を担っている。また，認証，規格，マーク制度等を通じた消費者へのサステイナビリティに関する情報提供（フェアトレード認証，サステイナビリティ報告書など）も重要である。

（2） 規範的市場メカニズムと自律的市場メカニズム

以上のように，規範的市場メカニズムの概念は，自律的市場メカニズムの制約を認識し，ガバナンス機能の強化により，それを克服し，市場経済の機能を補完しようとの見地から提唱されたものである。とりわけ，グローバルな経済活動においては，各国に共通の規制（国際条約など）が存在しないケースも多いため，ISO26000やサプライチェーンCSRなどのソフトローの領域の規範的市場メカニズムの役割が一層重要であると考えられる。規範的市場メカニズムが確立すれば，市場における企業や消費者の行動には，制度面から一定の方向性が与えられることとなる。ここで言う「制度」は，人々の生活や文化，宗教，歴史，価値観を含む幅広い概念で

ある。

　こうした考え方は，経済学においては，市場だけでなく，制度を重視する立場とも共通する面が多い。市場にすべてを委ねるのではなく，市場の機能を活用しつつも，それをどう制御し，その弊害を除去すべきかについて，体系的に考えなければならない。外部不経済の内部化だけでなく，たとえば，ソフトローの分野で，グローバル企業やサプライチェーンの内外企業が自主的なルールや対応を積み上げていくといった現実的な対応や，一人ひとりの消費者のエシカル消費などの選択行動にも，市場経済システムへのメッセージが込められている。market governance mechanism は「市場自体に規範性を与える仕組み」として理解することも可能である。ただ，市場を制御することは，消費者の自由な選択への干渉という側面を有することも忘れてはならない。その意味では，ガバナンスは，必要最小限の，市場の弊害除去に止めるべきであることは言うまでもない。消費者が自発的，主体的な判断をすること，消費者の自由で主体的選択こそが，規範的市場メカニズムの前提なのであり，規範性が強くなりすぎて，消費者の自由や主体性が阻害され，一定の規範や制度に従わざるをえない状況は，もはや市場経済システムとは異質のものであると考えられる。

　市場の規範性は，ネット社会においても，重要な意義を有している。ネット社会においては，一部のグローバルな規模のプラットフォーマーが，個人情報や市場の機能を制御する可能性が懸念されている。こうした状況を避け，市場経済システムを適切にコントロールするには，自律的市場メカニズムに代えて，人々や社会の価値観を反映した規範的市場メカニズムを構築することの重要性が一層高まると考えている。

2 市場のルール

2.1 市場のルールの体系

　第4章でも論じたように，経済学において想定する完全競争と摩擦のない世界（取引費用がない世界）のモデルが，非現実的であることは言うまでもない。コースの定理からも明らかなように，取引費用が存在する場合，資源の最適配分を実現するためには，市場のルールの設定（法規制等）のあり方が重要となる。また，法規制は，資源の最適配分という効率性の他，衡平を実現するための手段ともなっている。現実の市場において，消費者は，経済学の想定する「ホモ・エコノミクス（経済人）」ではなく，情報の非対称性，限定合理性などに直面する等身大の人間であることは言うまでもない。また，今日，消費者は，サステイナビリティという新たな社会的価値の選択も求められている。こうした状況をふまえると，市場の機能を高めるためには，どのような市場のルールが存在しているのかを理解しておく必要があると言えよう。これらのルールは，前節で論じたように市場において規範的市場メカニズムの一要素として機能することとなる。こうしたルールのあり方をふまえ，規範的市場メカニズムを前提とした新たな市場のデザインが求められているのである。

　「市場のルール」という言葉は，法規制およびそれを実現する制度全般を含む広義の概念として捉えるべきものと考えている。ハードロー，ソフトローのほか，たとえば，法規制を支える行政の諸制度も，「制度」の一部を構成していると考えられる。以下，本書では，まず，わが国の消費者に関連するハードローを中心とした市場のルールの体系を概観した上で，

第6章　市場の機能と消費者政策　　149

市場を支える制度についてもその概略を紹介してみたい。

　消費者に関する市場のルールは，民事ルールと行政規制に大別される。民事ルールとしては，民法の他，消費者取引に関しては消費者契約法[2]，製品安全に関しては，製造物責任法（いわゆる PL 法）などがある。民事ルールは企業と消費者の当事者間の関係を律するルールである。これらの法規範は，基本的には消費者が裁判を通じて財産的被害の回復を図る際に根拠となる司法上のルールであり，私人が行使し，司法の解釈により裁判規範が具体化されることとなる。ただ，民法からも明らかなように，これらのルールを背景として，市場における社会規範が形成される点も重要である。企業や消費者は，法規範をふまえて，市場における取引の際の行動規範を定めることとなるのである。

　他方，行政規制の場合には，消費者被害の拡大防止と違法状態の除去という観点から，行政が事業者を直接，規制する。消費者は訴訟を起こす必要がなく，事業者がルールを逸脱すれば，行政処分や刑事罰が科せられる。旅行業法，宅地建物取引業法，割賦販売法，金融商品販売法（金融商品の販売等に関する法律），ガス事業法，電気事業法など，特定の業種や事業内容を対象としたいわゆる業法には，消費者保護（顧客保護）の観点から規制措置が盛り込まれているものが多いが，特定商取引法（特定商取引に関する法律）[3]のように，訪問販売，通信販売，電話勧誘販売，連鎖販売取引（マルチ商法）など取引の形態と消費者トラブルの関係に着目して，行為規制を行っているものもある。また，景品表示法（不当景品類及び不当表示防止法）や家庭用品品質表示法，食品表示法は，表示に関する横断的ルールを定めている。消費生活用製品安全法も，消費生活用品全般の安全

2　消費者契約法には適格消費者団体の差止請求権が規定されているが，これは民事ルールとは言えないとする見解がある。

3　特定商取引法の規定のうち，クーリングオフの規定は民事ルールに分類される。

図表6-2 ◆ 市場のルールの体系

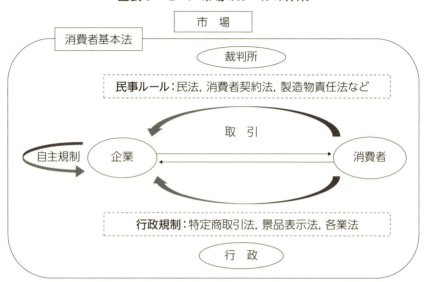

に関する横断的ルールを定めている。このように，行政規制は，広範かつ複雑な今日の消費者問題の実態に合わせて，さまざまな形で実施されている。ただし，行政の人員，予算などには制約があり，すべての違反行為を，行政機関のみが取り締まるとすれば，そのコスト負担は膨大なものとなる。行政規制が発動されるのは，市場における違反行為のうち，特に悪質なものなどに限られることに留意しなければならない。その意味では，市場のルールを企業や関係者がどうサポートしていくのかが重要であると考えられる。

また，消費者基本法には，消費者の権利，消費者政策の基本的理念，国，地方公共団体および事業者の責務，消費者の役割，基本的施策，消費者行政機関などが規定されている。

これらの法令と裁判例，企業の自主規制などが市場のルールを構成することとなる。とりわけ，ソフトローとしての産業界の自主規制は，業界の

第6章 市場の機能と消費者政策 **151**

組織率の問題やサンクションの面でその実効性には制約があるものの，市場において一定のルールとしての機能を担っている。電子商取引のような新たな分野や，グローバルな取引においては，機動的な対応が可能な自主規制が大きな役割を果たして来ている。その意味では，第4章で指摘したように，各種のソフトローの果たす役割は大きいと考えられる（**図表6－2**）。

2.2　市場を支える制度

　次に，法規制を支える行政等の制度についてその概略を紹介しておこう。

　消費者に関する行政の制度は，国の制度と地方自治体の制度に大別される。国の消費者行政は，消費者庁と各省庁により分担されている。消費者庁は，消費者に関わる行政が，産業，食品，健康・医療，運輸，住宅，金融，通信など，国のさまざまな部門の行政と関わっていることから，これらの行政と連携・協力しつつ，いわば消費者行政の司令塔役を果たすことを期待して，2009年に設立された行政機関である。消費者庁は，表示，取引，安全など，消費者の利益の擁護および増進に関わる35の法律を所管（共管を含む。2018年度）しており，各省庁の所管が及ばない隙間事案への対応についても，消費者安全法に基づいて対応を行える仕組みを有している。すなわち，市場における消費者に関わるルールについては，消費者庁が消費者の利益の擁護および増進という視点から，一元的にその制度運用を行っていると言えよう。

　また，消費者への啓発，情報提供，消費者相談，商品の試験，検査などを行う実施機関として，独立行政法人国民生活センターが設置されている。国民生活センターには，1984年，全国消費生活情報ネットワーク・システム（PIO-NET：Practical Living Information Online Network System）と呼ばれる情報ネットワークが開設され，後述する全国の消費生活セン

ターの相談情報などが集められ，消費生活センターの現場において活用できる仕組みが整備されている。

　地方の行政は都道府県，市町村などの自治体が担っている。各自治体は，消費生活条例を制定し，国の法令のほか，条例に基づいて行政を推進している。地方の消費者行政の実施体制を見ると，国の基金や交付金等による支援にもかかわらず，近年，厳しい財政制約などもあって，予算，人員とも減少傾向にある。消費者庁の調査[4]では，自治体の消費者行政関連予算の総額[5]は，2017年度（最終実績額）約152億円であったが，これは1995年度の200億円と比べると，4分の3程度の水準である。また，事務職員（兼務を含む），消費生活相談員，商品テスト職員，消費者教育啓発員などの担当職員数も，2018年度9,362人に対して，2000年には13,174人[6]であった。

　地方の消費者行政においては，行政部局の機能に加えて，都道府県，政令市および規模の大きな市に，消費生活センター[7]が設置され，地域の消費者の相談業務等を行っている。近年，消費生活センターの設置数自体は大幅に増加しており，2018年には，全国に855カ所のセンターが設けられている。ただし，消費者相談の件数が，全国で年間約90万件を超えていることや，実際に相談を行う消費生活相談員の総数が，2018年度，全国で3,438人であり，ピーク時の2006年度3,732人から減少していることなどを考慮すると，必ずしも消費者の大幅な利便性の向上につながっているとは言い難い。ルールが制定されていても，実際の現場が機能しなければ，市

4　消費者庁「平成30年度地方消費者行政の現況調査」。
5　消費者行政本課および消費生活センターにおける消費者行政予算（基金および交付金額と自主財源額の合計）。
6　2008年度に職員数の集計方法を変更したため，直接の比較はできない。
7　センターの名称は，「消費生活センター」のほか，「消費者センター」，「県民生活センター」，「生活科学センター」など，自治体によりさまざまなものがある。

場の質は低下せざるを得ない。その意味では，消費者と企業のトラブルを解決する地方の消費者行政の現場の予算，人員の制約が拡大していることは憂慮すべき状況である。

　また，消費者行政独自の仕組みとして，内閣府には消費者委員会が置かれている。消費者委員会は，政府に対してさまざまな政策提言を行うほか，消費者庁を含め，各省庁の行政の実施状況を監視するオンブズマン的な機能も有している。消費者行政は，消費生活のさまざまな分野に及んでおり，その内容は複雑多岐なものとなっている。

　消費者行政は，次項に述べるように，これまで，トラブルの被害者や関係者，消費者団体などの強い要望を受けて被害救済に取り組むという意味では後追い的な性格が強かったと言えよう。そこで，消費者庁設置の際，消費者の声を直接反映できる場として，独立，常設の第三者機関である消費者委員会を設けたものである。消費者委員会は，2009年の創設以来，現在までに，消費者団体や関係者から1,133件の要望書，意見書，声明文などを受け付け，政府への建議20件，提言15件，意見表明等78件，法に基づく答申6件などを取りまとめている（2018年12月末時点）。

　さらに，市場の質を高め，ルールを担う制度としては，行政の制度のほか，官民の資格制度や法に基づく認定制度などが整備されている。消費者問題に関する資格制度としては，国の資格制度である消費生活相談員制度[8]のほか，消費生活アドバイザー，消費生活専門相談員，消費生活コンサルタントなどがある[9]。これらの資格の取得者による団体として，消費生活アドバイザー・コンサルタント・相談員協会（NACS）や全国消費生活相談員協会などがある。また，企業のお客様相談部門などの担当者で構

8　消費生活アドバイザー試験，消費生活専門相談員試験の合格者が，消費生活相談員の資格を同時に取得できる仕組み。
9　各資格のこれまでの取得者数は，消費生活アドバイザー約1万7,000人，消費生活専門相談員約7,000人，消費生活コンサルタント約3,400人（2018年度末時点）。

154

成される消費者関連専門家会議（ACAP）などの組織も存在している。これらの消費者専門家の団体は，既存の消費者団体とも連携しつつ，市場のルールの形成やその実効性の確保に関して積極的な役割を果たしていると言えよう。

2007年から導入された消費者団体訴訟制度では，内閣総理大臣の認定を受けた消費者団体が，被害者である消費者に代わって差止請求および被害回復に関する訴訟を行うことができることとなった。これは，①比較的少額の被害が多い消費者トラブルでは，個々の消費者が訴訟を行うことはコスト面で見合わないと考えられること，②個々の消費者と事業者との間には大きな情報の非対称性が存在するため，訴訟が困難なケースが多いと考えられること，③個別の消費者トラブル解決が他のトラブルの解決につながりにくいことなどの事情を考慮したものである。

適格消費者団体は，消費者契約法，景品表示法，特定商取引法，食品表示法に基づいて，消費者に代わって事業者の不当な行為に対する差止訴訟を行う機能を有している。また，上記の適格消費者団体のうち，認定を受けた特定適格消費者団体は，消費者裁判手続特例法[10]に基づいて，被害者である消費者の金銭的な被害の回復を図ることができるとされている。適格消費者団体は，全国に19団体，特定適格消費者団体は３団体が認定されている（2018年12月末時点）。

消費者団体訴訟制度は，消費者被害の拡大防止や集団的消費者被害の回復に一定の効果が期待できると考えられるが，これらの消費者団体の活動は，その大半がボランティアにより支えられており，財政基盤も十分でないことなど，基本的な制度設計の面で課題が大きいことは明らかである。確かに，今後，こうした消費者団体の活動が，多くの一般消費者の支援を

---

10 「消費者の財産的被害の集団的な回復のための民事の裁判手続の特例法」が正式名称。

図表 6 - 3 ◆ 市場を支える消費者関連の諸制度

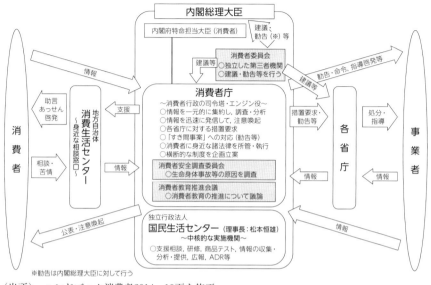

(出所) ハンドブック消費者2014, 19頁を修正。

受けることができれば、消費者団体訴訟制度の有効性が高まると考えられる[11]が、消費者トラブルの解決は受益と負担の関係が明確でないということもあり、残念ながら、被害者以外の一般の消費者や企業などの関係者がこれらの制度を幅広く支援する状況には至っていない。

差止請求に関しては、公共財に関するフリーライダーと類似の状況が生じているとも考えられる。また、負担に消極的な消費者の一部には、被害者側の不注意などの限定合理的な行動を問題視する見方もある。消費者被害を生じる質の低い市場の存在は、健全な取引の妨げとなることは明らかである。

だが、現状は、こうした市場の取引コストを、誰が、どのような形で負

---

11 こうした視点から、消費者庁の支援を受けて、特定非営利活動法人消費者スマイル基金が設けられている。

担すべきなのかという根本問題について明確な解がないまま，消費者団体の負担の下で問題解決が図られていると言わざるを得ないのである。その意味では，消費者団体訴訟制度を活用し，市場のルールの有効性を確保していくためには，当面，行政の制度運用に関する責任と支援が不可欠であると考えている。

2.3 消費者問題と市場のルール・制度の変遷

これまで，わが国では，深刻な消費者問題が度々発生して来た。そうした状況の中で，市場のルールや制度が整備されて来たが，その変遷を，市場経済システムの拡大に応じて以下の4つの時期に区分し，振り返ってみたい。

第1期　戦後経済・高度成長経済—ルール・制度の確立期

第2期　安定成長経済—消費者保護行政，企業の自主的取組みの拡大期

第3期　規制緩和と市場経済の重視—保護から「自立の支援」への転換期

第4期　持続可能な経済—新たなガバナンスの確立期

（1）　第1期　戦後経済・高度成長経済—ルール・制度の確立期

第2次大戦後の戦後経済および高度成長経済の時期は，日本経済の復興，急速な拡大の過程で，深刻な消費者被害がたびたび発生し，製品の質，競争の質，情報の質といった「市場の質」の向上が社会的な課題となった時期であった。この時期の全体的な特色としては，以下の3点を指摘できる。

①　この時期には，重大な消費者被害の救済，被害の防止などの「消費者保護」が主な課題であったが，被害者や消費者団体の要望を受けて，消費者保護のルールや制度が整備されるといった後追い的な行政が大半で

あった。

② 消費者保護に関する行政制度の確立の時期を見ると，被害に直面することの多かった地方自治体の取組みが先行し，その後に全国レベルの制度の整備が行われるという傾向が見られた。

③ また，市場の質の向上は，産業政策の観点からも基本的な課題であり，産業所管官庁においても，「生産」段階だけでなく，「生産」（製品の品質，安全），「流通」（流通の近代化，合理化），「消費」（消費者利益の保護）の各段階を含む取組みが展開されている[12]。

以下，具体的な状況を見ていこう。

第2次大戦後の経済の荒廃と混乱の時期には，闇市や粗悪品の横行などの中で，消費者団体による被害救済への取組みが開始された。'48年9月3日の「不良マッチ追放主婦大会」は，日本の消費者運動の先駆けとなる取組みであり，これを契機として，翌月には，主婦連（主婦連合会）が結成されることとなった[13]。その後，日本生活協同組合連合会（'51年設立），地婦連（全国地域婦人団体連絡協議会）（'52年設立），全国消団連（全国消費者団体連絡会）（'56年設立）などが相次いで結成され，消費者運動が本格化していった。

1950年代，60年代には，経済の高度成長の下で，'55年の森永ヒ素ミルク事件，'68年のカネミ油症事件など，悲惨な消費者被害をもたらした事件が発生している。また，'56年には，日本の公害問題の原点となった水俣病の発生が公式に確認されている。

消費者被害の深刻化の中で，行政による消費者保護が大きな課題となった。市場のルールの面では，'47年に独占禁止法が制定され，競争の質の

---

12 樋口（2007）『通商産業省の消費者行政の変遷とその役割』「日本消費者問題基礎資料集成 6．解題・資料」すいれん舎，5頁。

13 樋口（2007）『日本の消費者問題』171-172頁，清水鳩子氏（主婦連元会長）の証言参照。

確保が図られたほか，食品衛生法（'47年制定），薬事法（'48年制定），建築基準法（'50年制定）や個別の業法などが相次いで制定され，基本的なルールの整備が行われた。とりわけ，製品の規格や品質，表示の適正化に関しては，JIS法（工業標準化法）（'49年制定），JAS法（農林物資規格法）（'50年制定，'70年，農林物資の規格化および品質表示の適正化に関する法律に改正），繊維製品品質表示法（'55年制定，'62年，家庭用品品質表示法に改正），景品表示法（不当景品類及び不当表示防止法）（'62年制定）などが立法されている。

'68年には，消費者保護基本法が制定され，市場における消費者の保護の理念が明文化された。消費者保護基本法では，消費者の利益の擁護および増進に関し，国，地方公共団体の責務，事業者の責務，および消費者の果たすべき役割を明らかにするとともに，消費者の保護に関する基本的施策を定め，その総合的推進を謳っている。消費者保護基本法の制定を受け，関連する諸法令においても，消費者保護を強化する観点からの改正が行われている。

また，行政体制に関しては，'61年に東京都，'63年に農林省，'64年に通産省において「消費経済課」が設けられ，消費者保護行政が本格化していった。'65年には，経済企画庁に「各省庁の消費者保護行政を統一的見地から総合調整する行政機関[14]」として，国民生活局（国民生活課，消費者行政課，物価政策課の3課で構成）が設立された。その後，'70年には国民生活センターが設立されている。

他方，この時期における地方の消費者行政を考える上では，各都道府県における消費生活センターの設立が重要であると言えよう。兵庫県におい

---

14 国民生活向上対策審議会「消費者保護に関する答申」（'63年6月15日）。なお，同答申では，消費者保護を一層強力に推進するためには，「消費者の意思を受けて，消費者保護行政を専管する行政機構の拡充強化，消費者委員会の設置などにつき検討する必要がある」としており，2009年の消費者庁および消費者委員会の設置につながるものとして興味深い。

ては，'65年から'66年にかけて，県立神戸生活科学センター，姫路生活科学センター，豊岡生活科学センターの3センターが設立され，'73年までには，全都道府県に少なくとも1カ所の消費生活センターが設けられている。その間，'69年には，地方自治法が改正され，消費者保護が地方公共団体の固有事務として位置づけられることとなった。

　以上のように，戦後経済および高度成長経済の時期は，消費者保護を中心とした市場のルール，行政制度の確立期であったと位置づけられる。

（2）　第2期　安定成長経済―消費者保護行政，企業の自主的取組みの拡大期

　1973年第1次石油危機が勃発した。石油価格の高騰を契機とした買い占め，売り惜しみが横行するなど，経済は一時的に大きな混乱を経験したが，それ以降，日本経済は成長率が鈍化し，安定成長期へと移行していった。市場のルール，制度という視点から捉えると，この時期の特色としては，①省エネルギーへの取組みと新たな価値観の定着，②サービス経済化の進展，③製品安全などへの企業の自主的取組みの拡大，④消費者保護に関する官民のネットワークの充実などが特に重要であると考えられる。

（省エネルギーと新たな社会規範）

　二度にわたる石油危機により，省資源，省エネルギーが国民的課題となり，企業や消費者の意識，行動に大きな変化が生じた。その結果，技術革新，企業や消費者の省エネルギーに関する努力などを通じて，石油に依存していたエネルギー多消費型の産業構造は省エネルギー型の構造へと大きく転換することとなった。また，石油危機を契機とした省資源，省エネルギーへの取組みは，直接的なエネルギー節約の効果を生じるだけでなく，社会全体に，地球環境問題への対応やサステイナビリティの推進につなが

160

る新たな価値観を醸成することとなったと言えよう。こうした価値観は，その後，わが国の市場経済システムを支える社会的価値（制度）として定着していくこととなった。

（市場のルールの整備）

　また，経済の成熟化に伴うサービス経済化の進展は，市場のルールのあり方にも大きな影響を与えることとなった。一般に，サービスは，財と比べ購入前にその特性や品質を確認することが困難なため，情報の非対称性が生じやすい（第3章2参照）。あるいは，情報の質が確かめにくい。サービス経済化の進展に伴い，この時期には，サービスの内容やその提供方法をめぐって，契約関係のトラブルが多発することとなった。とりわけ，サービス関連の事業者と消費者の間で，取り交わされる約款についてはその適正化が課題となっていた。経済企画庁に設けられた国民生活審議会においては，'79年以降，生命保険，旅行業，自動車販売，貨物輸送，宿泊，銀行取引，有料老人ホーム，スポーツクラブなどの約款の見直しが議論され，その適正化が推進された。こうした検討をもふまえ，その後，2000年には，契約に関する新たな民事ルールとして，消費者契約法が制定されることとなった。

　他方，'76年には，消費者トラブルの多発する特定の販売形態を規制する法律として，訪問販売法（'00年改正で「特定商取引法」と名称変更）が制定された。同法制定時の規制対象は，訪問販売，通信販売，およびマルチ商法などの連鎖販売取引であったが，その後，電話勧誘販売（'96年改正），エステティックサロン，外国語会話教室などの特定継続的役務提供（'99年改正），内職商法，モニター商法などの業務提供誘因販売取引（'00年改正），押買いなどの訪問購入（'12年改正）が規制対象の取引類型として追加されることとなった。

第6章　市場の機能と消費者政策　　161

　さらに，経済の拡大に伴う金融取引の活発化や消費者の資産の増加に伴って，金融面のトラブルも増加し始めた。'85年には，金の地金による現物まがい商法[15]を手口とした豊田商事事件が起き，これを受けて'86年には預託法が制定された。また，多重債務問題の深刻化を受けて，'83年には，貸金業規制法が制定され，2000年には，金融取引に関して金融商品販売法（金融商品の販売等に関する法律）が制定された。

（企業の自主的取組みの拡大）

　高度成長期の経済においては，「価格」と並んで「品質」や「安全」を確保することが国際競争力上の課題とされていたが，この時期には，わが国製造業の製造技術の進歩，品質管理技術の向上等を背景として，製品安全分野を中心として，企業の自主的取組みが重視されるようになっていった。すでに，1973年の消費生活用製品安全法の制定時，産業構造審議会の報告では，国による製品の安全性に関する規制制度の創設と並んで，「民間の自主的努力の積極的促進」が強調されている。製品安全法制においても，「政府認証品目」に加え，「事業者の自己確認制度」が，順次導入されていった。たとえば，製品安全4法[16]における両者の割合は，'86年には377品目 vs 148品目であったが，'98年には178品目 vs 348品目であり，その比率が逆転している。こうした自主的取組みの拡大の方向は，世界的な規制緩和の動向や国際的な品質管理システム認証（ISO9000）の普及によって，その後，さらに，加速されていくこととなる。

15　現物を渡さずに，預かり証だけを顧客に渡す商法。
16　「電気用品安全法」，「消費生活用製品安全法」，「ガス事業法」，「液化石油ガスの保安の確保及び取引の適正化に関する法律」の4法を指す。

162

(消費者保護に関する制度の強化)

　消費者保護基本法の制定を受け，行政のさまざまな面で制度の充実が進んだ。たとえば，消費者相談の分野では，'75年に，通産省が本省および各通産局に「消費者相談室」を設けた。また，農水省も，'84年に本省および各農政局に「消費者の部屋」を設け，消費者相談を開始した。この時期には，前述のように，国民生活センターと全国の消費生活センターをつなぐPIO-NET（'84年スタート）や，消費生活アドバイザー（'80年発足）などによる相談体制も整備され，また，訪問販売法に基づいて訪問販売，通信販売に関する業界団体の苦情相談体制も整備されるなど，消費者問題に取り組む官民のネットワークが強化されることとなった。

(消費生活条例の制定)

　地方自治体においても，消費者保護の観点から，消費生活条例などの条例を制定する動きが活発化していった。'74年には，神戸市の「神戸市民のくらしをまもる条例」，兵庫県，奈良県の「消費者保護条例」，川崎市の「川崎市消費者の利益の擁護及び増進に関する条例」が相次いで制定された。以降，'84年までの10年間に40都府県において，条例が制定されている。市場のルールを考える上では，地域の実情をふまえた各自治体の消費生活条例等の動向についても留意しておく必要があると考えられる[17]。

（3）　第3期　規制緩和と市場経済の重視—保護から「自立の支援」への転換期

　90年代以降，規制緩和による市場メカニズムの活用，グローバルな経済

17　都道府県レベルでは，長年にわたり，条例を制定せず県の定めた要綱に基づいて消費者行政を行って来た長野県が，2008年47番目の条例を制定し，全国の都道府県において条例が整備されることとなった。

システムの確立といった世界的な潮流の中で，わが国の市場に関するルールや制度も大きく転換していくこととなった。とりわけ，わが国においては，90年代，いわゆるバブル経済の崩壊の後，規制緩和と市場経済の重視により，経済の立て直しを図ろうという考え方が経済運営の基本的な方向とされた。こうした経済運営の下で，消費者に関する市場のルールに関しても，市場経済重視の観点から，前述のように，製造物責任法（'94年制定）や消費者契約法（'00年制定）などの民事ルールが整備されることとなった。

　市場における民事ルールの整備と前後して，製品安全および消費者取引分野の行政規制も事後規制型のものへと転換されることとなった。製品安全行政に関しては，90年代後半，製造物責任法の制定を受けて，政府認証制度を中心とした市場関与型（事前規制・介入型）から，第三者検査制度を活用した市場監視型（事後規制）への転換が図られた。'98年の産業構造審議会・消費経済審議会合同小委員会報告書では，「今後の製品安全規制の基本的考え方」に関して，次の諸点を指摘している。

① 製品安全の確保は，事業者の自主的取組みが基本。政府規制を排し，事業者が自ら適合性を評価すべき。第三者による適合性評価を義務づける場合にも民間企業の参入を認めるなど，より効率的なものとする。

② 国際整合性に配慮すべき。

③ 政府は，製品流通後措置を適切かつ機動的に発動すること。

　また，消費者取引分野では，特定商取引法の運用が改められ，'97年以降，従来の企業への「行政指導」に代え，透明性の高い「行政処分」を中心とした運用を行うこととなった。

　1997年度から2017年度までに実施された行政処分の総件数は1,631件であり，うち，国が552件，都道府県が1,079件の行政処分を行っている（**図表6－4**）。

164

図表6－4 ◆ 特定商取引法による行政処分件数（1997年度～2017年度）

	業務停止命令	指示	計
国	309	243	552
都道府県	689	390	1,079
計	998	633	1,631

　2004年には，消費者保護基本法が消費者基本法に改正され，これまでの「消費者の保護」から「消費者の権利の尊重と自立の支援」へと消費者政策の基本理念が改められた。市場において，消費者は，自立した存在として権利を行使し責務を果たしていくことが求められる。そのための支援が，行政に課せられた基本課題となるとの考え方である。こうした考え方の背景には，市場への信頼，市場経済の重視があると言えよう。だが，本書で明らかにして来たように，市場経済システムは，適切なガバナンスのメカニズムが働かない限り，サステイナブルなシステムとはなり得ないことは明らかである。市場の質を高める努力の積み重ねにもかかわらず，深刻な消費者被害が市場システムの下で発生し続けているのである。

（4） 第4期　持続可能な経済―新たなガバナンスの確立期

　ネット社会や超高齢者社会の到来，グローバル化やサステイナビリティといった環境変化の下では，規制緩和，市場重視型のシステムは，消費者をめぐる課題の解決に必ずしも有効とは言えない。それは，本書が明らかにして来たテーマでもある。市場のルールおよび制度という観点からみると，近年，民間の自主的取組みやそれを支えるソフトローの役割の拡大を前提としつつも，市場システムによる事後規制を補完するようなさまざまなルールの制定が行われている。

　たとえば，製品安全の分野を見てみよう。'06年には，パロマのガス湯

沸かし器による死亡事故などを契機として，消費生活用製品安全法が改正され，重大製品事故報告・公表制度が導入された。本制度では，製造業者・輸入業者は，自社製品の重大製品事故の情報を知った日から10日以内に国に対して報告を行う義務が課されることとなった。国による事故情報の一元的管理を通じて，市場システムに任せただけでは解決が困難な事故原因の分析と再発防止への迅速な対応を実現しようというものである。また，'09年には，同法の改正により，長期使用製品安全点検制度および長期使用製品安全表示制度が導入されることとなった。これは，重大製品事故報告・公表制度による事故情報の分析から，製品の経年劣化による事故が多発していることが分かったためである。

　また，食品安全についても，BSE問題や食品偽装など，食の安全を脅かす事件を背景として，'03年，食品安全基本法が制定され，食品安全委員会が設置された。食品安全委員会は，リスク分析の手法（リスク評価，リスク管理，リスク・コミュニケーション）に基づいて，規制や指導等の「リスク管理」を行う厚生労働省，農林水産省等の関係行政機関から独立して，科学的知見に基づき客観的かつ中立公正な「リスク評価」を行う役割を担っている。

　こうした状況の下で，'09年には，消費者庁および消費者委員会が設立された。ますます複雑化，高度化する現代社会の中で，消費者の直面するさまざまな課題に対しては，その解決を安易に市場に委ねるのではなく，政策的な支援や規制による市場への介入が必要となるケースが多いと考えられる。たとえば，高齢消費者の支援，ネット取引の安全の確保など，解決すべき課題は山積している。その意味では，消費者庁のような行政機関の新設は，決して時代の流れに逆行するものではない。とりわけ，持続可能な経済を実現していくためには，消費者，企業，行政が，市場という場において規範的市場メカニズムを如何に有効に働かせていくのかが重要で

ある。消費者庁や関係省庁の消費者行政は，市場のルールや制度を整備することを通じて，消費者の視点に立って市場の機能を高める役割を担っているのである。

3 │ 新たな消費者政策への展望

3.1　消費者政策と消費経済学の視点

　消費経済学は，消費者政策のあり方を根本的に問い直すこととなる。これまで，消費者被害の救済を中心としていた消費者政策は，消費者の限定合理性をふまえ，行動経済学の知見などを活用して，被害の予防，サステイナビリティの推進などの分野で，新たな政策領域を拡大することが期待されている。第5章2で紹介したフレーミング，デフォルトなどの手法は，その一例である。キャス・サンスティーンとリチャード・セイラーは，こうした行動経済学的な政策手法をナッジ（Nudge）と呼び，その実践的意義を強調する。ナッジは，「人の肩などを軽く叩いて，ある行為の実行を促すこと」を指す言葉である。ナッジは，規制的な手法ではなく，消費者の自発的な行動を促すためのいわば"控えめな介入"である。セイラーらが紹介したカリフォルニア州サンマルコスの社会実験では，節電に協力した住民の電力料金の領収書に「スマイルマーク」を付けただけで，取組みが一層進んだことが報告されている（詳しくは，拙著『サステイナブル地域論』22頁参照）。こうした考え方は，すでに，米国や英国を中心に，各国の政策において多く採用され始めている。OECDの行動インサイト[18]に

18　行動科学，行動経済学，心理学，認知科学などから得られた洞察を組み合わせて，意思決定に影響を与える限定合理的な要素を明らかにしようとする学問。

第6章　市場の機能と消費者政策　　167

関する報告書では，各国の消費者保護についてのさまざまな実証実験例が
報告されている。以下，行動インサイトの事例をいくつか紹介してみよう[19]。

事例1　家庭用電力の価格透明性の向上（アイルランド）

　アイルランドでは，複雑でわかりにくい家庭用電力料金の体系（電力各
社の標準料金が異なっている状況）の下で，電力各社による料金割引キャ
ンペーンが行われているため，消費者がキャンペーンでの割引率の大きさ
のみに影響されて，実際の支払額を十分に考慮せず，商品選択を行ってし
まうことが懸念されていた。アイルランド経済社会研究所は，2016年，こ
うした家庭用電力各社の割引キャンペーンによる価格フレーミングの影響
について分析を行い，割引キャンペーンの際の消費者への年間推定請求額
の記載義務づけなどの価格フレーミングの改善策の導入の可能性を検証し
ている。

　こうした複雑で不透明な価格体系に基づく価格割引キャンペーンは，携
帯電話などの分野でも，しばしば問題になっている事例である[20]。

事例2　容器サイズの縮小（イスラエル）

　企業は，値上げを行う代わりに，飲料容器などの形状の目立ちにくい部
分，たとえばボトルの底の形状やボトルの構造などを変更して，実質的に
内容量を減量することがある。これは，容器の高さや幅などの外見に注目
するという消費者のヒューリスティックスを利用したやり方であると考え

19　以下の事例は，OECD邦訳（2018）「第4章　行動インサイトの事例研究：消費者保護」
　に基づく。
20　携帯電話の契約の不透明性の分析については，オレン・バー＝ギル訳書（2017）第4章
　携帯電話，参照。

られる。

　こうした容器の気づきにくい形状変更に関しては，商品の元々の重量，変更後の重量などを明記するよう求めるガイドラインが策定されてきたが，その効果について，消費者保護公正取引局がレビューを実施した。

事例3　年金比較ツールの設計（英国）

　英国の年金については，現在加入中の年金商品から他の年金商品へ変更することにより，メリットが生じる可能性が高い消費者が多数いると考えられるが，消費者は現状維持バイアスなどにより，年金の変更を躊躇する傾向にある。

　金融行動監視機構は，2015〜16年にかけて，こうした状況を改善するために，年金加入者に年金変更による節約見積額を提示するなどの年金の商品情報の比較を促す方策の検討を行った。

事例4　高齢者を対象とした水道料金の減額（米国）

　フィラデルフィア市では，水道料金の低所得高齢者減額制度が導入されたが，多くの高齢者が申請を行わず，その利用率は低い水準にとどまっていた。そこで，同市は，2015年，減額制度の利用促進を図るため，ナッジの考え方に基づいて，目につきやすい「大型封筒」による通知など，さまざまな取組みを行った。この「大型封筒」による通知は，高齢者の申請率を高める結果につながったが，コストがかかりすぎることから，その後，市は，「大型封筒」に代えて「着色封筒」等を使用することを検討している。

ナッジの手法は，消費者の限定合理的な行動に対する消費者政策の手法の１つとして，有効性が高いと言えよう。ただ，ナッジが可能となるためには，行動経済学や行動科学の実証的な研究の積み重ねが必要とされる。消費者が，限定合理的な行動を取る存在であるとしても，その行動は千差万別であり，法則性を見出すことは容易ではない。人間の認知能力が環境の変化や学習により，絶えず，変化しつつあるとすれば，ナッジが有効であるケースは，それほど多くないかもしれない。また，個人の消費行動がナッジで制御され得るということは，市場における消費者の自由な選択行動が，政策の介入により損なわれる可能性をも示唆している。キャス・サンスティーン，リチャード・セイラーは，こうした懸念をふまえ，「リバタリアン・パターナリズム」の考え方を提唱している[21]。

3.2　リバタリアン・パターナリズムとその限界

リバタリアン・パターナリズム（Libertarian Paternalism）の語は，個人の選択の自由を重視するリバタリアニズム（厳格な自由主義）およびこれを主張する者（リバタリアン）の立場と，親が子供のために良かれと思って介入，干渉するように，政府の介入を認めるパターナリズム（父権主義，ラテン語の pater（パテル，父）が語源）の立場を合わせた概念である。消費者が限定合理的な存在であるとすれば，時には，パターナリズム的な介入，干渉が必要なこともある。他方，政府が消費者の選択に干渉し過ぎれば，消費者の自己決定権や消費者主権が損なわれる可能性も生じ得る。

だが，確かに，消費者トラブルの現状を見る限り，リバタリアン・パターナリズムの考え方に沿ったナッジは優れた手法であり，一定の問題解

21　Sunstein, Cass R. and Thaler, Richard H. (2003), "Libertarian Paternalism In Not an Oxymoron", *The University of Chicago Law Review*, Vol.70, No.4, pp.1159-1202.

決につながる可能性があると言えよう。確かに，すべての消費者に「賢い消費者」になれというだけでは，トラブルは解消しない。判断ミスや情報不足を責めるのではなく，トラブル回避のための具体的な対応が可能となるような何らかのシグナルや情報を送ることができれば，消費者が自発的な対応を取ることが可能となるケースも多いと考えられるのである。

　リバタリアン・パターナリズムやナッジは，市場への一定の介入を認めるという意味では，前節で述べた規範的市場メカニズムの考え方とも共通する側面がある。ただ，前者では消費者保護に関する政府（government）のパターナリズムを念頭に置いているが，後者は市場におけるガバナンスの形成とガバナンスを通じた市場メカニズムに焦点を当てた議論を行っている点に違いがある。ガバナンスにおいてはガバメントとは異なり，企業，消費者の自主的，主体的な取組みとこれを支える関係者の役割が重要である。

　現代社会の課題を解決していくためには，こうした自主的な取組みをベースにした新たな「ガバナンス」が求められているのではないか。「ガバナンス（governance）」の語源は，古代ギリシャ語の"船の舵を取る"という意味から来ているとされる。まさに，社会の舵とりを，政府だけでなく，分権的な社会システムの下で，企業，消費者，行政（国，自治体）など，多くの関係者の協働と交流の中で実現していこうというのがガバナンスの意味である。そこに規範的市場メカニズムの意義があるのではないかと筆者は考えている。

　消費者政策においてナッジは有力な手段の１つと考えられているが，悪質な企業に対する対策はこうした考え方では対応困難である。井内正敏氏は，この点について，**図表6－5**のような整理を行っている[22]。今日，政

22　法政大学シンポジウム「消費者志向経営のフロンティア」（2017年11月25日）において井内正敏内閣府経済社会総合研究所総括政策研究官（当時）が提示したモデル。

第6章　市場の機能と消費者政策　　171

図表6 - 5 ◆ 企業および消費者の特性に応じた消費者政策

	一般消費者 標準的な経済学が想定するような合理的経済人ではないものの，情報が十分に与えられれば，大抵の場合消費トラブルをかなりの程度で回避できる消費者。	脆弱な消費者 仮に情報が十分提供されたとしても一定程度の合理性を持った選択を必ずしも行えない消費者。典型例としては，若年成人，障がい者，判断能力の低下した高齢者が挙げられる。
一般的企業 【≒健全な企業】 going concern として市場において消費者の信頼を得ながら，長期的に存続・成長を目指すいわゆる健全な企業。	• 安全規制 • 消費者志向経営 •「ナッジ」の活用等	• 各種規制 • 消費者志向経営 • 各種の消費者支援策
悪質企業等 同じ消費者との繰り返しの取引を想定せず，訪問する取引で最大の金銭的利益を追求する企業。典型例としては正常な取引を継続することを初めから考えていない悪質な企業（中には犯罪者，犯罪集団）が挙げられる。	• 悪質企業等の排除策 • 消費者教育	• 悪質企業等の排除策 • 手厚い各種の消費者支援策

（出所）　井内正敏氏作成（注22参照）。

府の消費者政策の決定過程においても，ナッジは明確な位置づけを得ていると言えよう。また，井内氏のモデルは，消費経済学の視点を含んだ新たな消費者政策の展開の可能性を示唆している。消費者の状況に応じた政策手段のベストミックスにより，政策コストとその効果の関係が一層明確になるため，効率的で公正な政策の実施が可能になると考えている。

4 プラトンの警鐘

4.1 消費者の選択と"民意"

　市場における消費者の選択は，時に社会的には良い結果をもたらさないこともあり得る。しかしながら，市場で示された消費者の"民意"に企業は従わざるを得ない。サステイナブルでない商品や，健康に良くない商品であっても，売れ行きが良ければ，生産が続くこととなる。

　村井吉敬の「エビと日本人[23]」では，日本人が好んで食べるエビ（日本は世界でもトップクラスのエビ消費国）に関して，インドネシアの稚エビの最盛期に，地元の小中学校が休校になることや，タイ，インドネシア，ベトナムなどの国々で，エビの養殖池のためにマングローブの林が伐採されていることなどが報告されている。第5章で例に挙げたバーバリーの売れ残り品の焼却も，消費者の高級品志向，ブランド志向を忖度した結果と言えないこともない。タバコが健康に有害であると言われてから久しいが，喫煙するか否かは基本的には消費者の判断に委ねられ，その結果，販売が続いている。

　ナッジは，こうした領域の問題の解決にも，役割を果たす可能性がある。ただ，その際の課題は，誰が，どういうプロセスで，何を基準にして，どの範囲で，ナッジを利用するのかという点にある。政策が消費者の選択行動を左右するのは最小限にとどめるべきだが，不完全な情報の下で行動せざるを得ない消費者の"民意"のみに委ねることも適切とは言えない。消

---

23 村井吉敬（1988）。

費者の自己決定権を損ねない範囲で，市場への情報提供などを行おうとするのが，規範的市場メカニズムの考え方である。

　古代ギリシャにおいて，プラトンはすでにテアトロクラティアの問題を指摘している（プラトン『法律』）。ここで，クラティアとは「支配」を意味する言葉である。プラトンは，劇場（テアトロ）で上演される音楽が，観客である民衆の意向によってその芸術性を失い，大衆迎合的なものとなってしまうことへの危惧を表明している。プラトンにとっては，デモクラティアと同様，テアトロクラティアも，社会を危機に陥れる支配関係と映ったのである。

　もっとも，この時代の劇場の観客は，為政者からお金をもらって劇場に足を運んでいたようである。その意味では，劇場の観客は，音楽というサービスの消費者ではあっても，近代の劇場の観客とはだいぶ様相が違っていたのかもしれない。ともかくも，観客の意向が音楽の上演演目に強く反映されがちであったこと，すなわち，音楽の需給構造において，観客という消費の側に立つ人々の「支配」が部分的にせよ成立し，プラトンがこうした状況に警鐘を鳴らしていたことは教訓的である。

4.2　学習と連携・協働

　ジーン・レイヴとエティエンヌ・ウェンガーは，個人の知識獲得の過程を「学習」として捉える伝統的な考え方を批判し，「学習」が「実践コミュニティ」（community of practice）への「参加」を通じて実現されるものであると論じている。この実践コミュニティの概念は，「参加者が，自分たちは何をしているか，またそれが自分たちの生活と社会にとってどういう意味があるのかについての共通理解がある活動システム」であるとされる。実践コミュニティは，①多層レベルでの参加が前提となっていること，②必ずしも，地理的な概念を意味しないこと，②明確なグループ性

や，社会的に識別される境界を要しないことなどの特徴を持つとされる。

消費者は，伝統的経済学が想定するような"個人"としての存在だけではなく，しばしば，市場において，共感し，連携，協働する存在として現れる。その基礎にあるのが，コミュニティへの参加と「学習」であると考えられる。実践コミュニティの概念は，緩やかで，インフォーマルなネットワークを意味している。たとえば，若者のSNSを通じたつながりも，実践コミュニティを形成し得る可能性を有している。また，企業や行政がこうしたネットワークに参加することも想定される。こうした学習のプロセスの存在が，個々の消費者の限定合理性や情報の非対称性を補い，サステイナブルな選択を促すこととなることが期待される。それは，レイヴとウェンガーの想定した「学習」とは異なるが，市場において重要な役割を担うものであることは疑いない。もちろん，既存の消費者団体や生活協同組合なども，形式的な組織とは別に，こうした学習の機能を有していることは明らかである（消費者団体の消費経済学上の位置づけについては，稿を改めて論じることとしたい）。

4.3　消費者市民社会をめぐって

第1章を思い起こして欲しい。アダム・スミスは，国富論と道徳感情論の2冊の書物を通じて，あるべき姿としての市民社会を道徳的な基礎としつつ，市場経済システムを考察したと考えられる。他方，同時代のマンデヴィルは，風刺詩を通じて，ありのままの社会，すなわち蜂の巣のような善悪と喧騒が入り乱れた社会を描いた。今日の「消費者市民社会」は，アダムスミスの市民社会観の延長線上に位置づけられると言えよう。市場経済システムが機能するためには，信頼や共感を備えた市民社会が前提となる。消費者市民社会の考え方は，市民社会の再構築作業を意味しているのではなかろうか。

他方，ネット社会では，今の所，マンデヴィルの描いたようなありのままの社会が支配的である。そこに，どういう知恵を働かせ，市場経済システムを制御していくのかが問われているのである。

だが，消費者市民社会を支えるのは，決して経済人や賢い消費者ではない。限定合理的で，情報の非対称性の下にある消費者こそが，市民なのである。消費者市民は，学習やステークホルダーとの連携，協働，あるいは，企業との価値共創を通じて，初めて，その選択を確かなものにすることが可能となるのである。あたかも，蜂が巣を作り，社会を組織するように，アダム・スミスの世界とマンデヴィルの世界が重なり合う所に，消費者市民社会の本当の姿があるのかもしれない。

◆ 参考文献 ────────

Amaeshi, K., O. Osuji and J. Doh. (2011) "Corporate Social Responsibility as a Market Governance Mechanism: Any Implications for Corporate Governance in Emerging Economies?" : International Finance Corporation

Lave. J. and E. Wenger (1991), *Situated learning, Legitimate Peripheral Participation* : Cambridge University Press（佐伯胖訳（1993）『状況に埋め込まれた学習，正統的周辺参加』産業図書）

O. Bar-GILL (2012) *Seduction by Contract* : *Law, Economics, and Psychology in Consumer Markets* : Oxford University Press（太田勝造監訳（2017）『消費者契約の法と行動経済学』木鐸社）

Ota Šik (1991), *Wirtshaftssysteme, Vergleich-Theorie-Kritik* : Springer-Verlag GmbH & Co. KG,（古河幹夫訳（1992）『人間の顔をした経済システム』海青社）

Rutten. R. and F. Boekema (2007), *The Learning Region, Foundations, State of the Art, Future* : Edward Elgar

Thaler, R. H. and C. R. Sunstein, (2008) *Nudge* : *Improving Decisions About Health, Wealth, and Happiness* : Yale University Press（遠藤真美訳（2009）『実践行動経済学―健康，富，幸福への聡明な選択』日経 BP 社）

Wenger. E. R., McDermott and W. M. Snyder (2002), *Cultivating Communities of Practice* : Harvard Business School Press（櫻井祐子訳（2002）『コミュニティ・

オブ・プラクティス～ナレッジ社会の新たな知識形態の実践』翔泳社)

OECD (2017), *Behavioural Insights and Public Policy：Lessons from Around the World.* (齋藤長行監訳 (2018)『世界の行動インサイト―公共ナッジが導く政策実践』明石書店)

鈴木深雪 (2010)『消費者政策―消費生活論 (第5版)』尚学社

樋口一清, 井内正敏 (2007)『日本の消費者問題』建帛社

樋口一清, 白井信雄 (2015)『サステイナブル地域論』中央経済社

村井吉敬 (2007)『エビと日本人Ⅱ』岩波書店

松下和夫 (2002)『環境ガバナンス』岩波書店

矢野誠 (2005)『質の時代のシステム改革―良い市場とは何か』岩波書店

通商産業省大臣官房企画室編 (2000)『競争力ある多参画社会－21世紀経済産業政策のビジョン』(通商産業調査会)

おわりに
"人間の顔をした市場経済"への道

　1968年のプラハの春は，「人間の顔をした社会主義」を標榜するもので
あった[1]。それから50年あまり，社会体制の改革は進んだものの，人々が
求める経済システムは依然として実現していない。計画経済に代わる市場
経済システムもまた，格差や貧困，環境汚染など，大きな課題をわれわれ
に投げかけているのである。経済システムにおいて，規制と自由をどう調
和させるべきなのか，この根源的な問いかけに関して，経済学はまだその
解答を持ち合わせていない。第6章で触れたリバタリアン・パターナリズ
ムやナッジの考え方は，本書のテーマである消費経済学においても重要な
位置づけを与えられる概念であるが，限定合理的な消費者をサポートする
有力な手段であるのか，消費者の自己決定権を阻害する手法なのか，依然
として意見が分かれるところである。

　市場経済システムは，確かに有用なシステムの側面を有するが，人間を
支配するシステムともなり得るのである。とりわけ，ネット社会では，こ
うした傾向がますます強まるかもしれない。消費経済学が想定する"等身
大の"消費者は，ネット社会に翻弄され，市場経済の論理の中で主体性を
見失いかけているようにも見受けられる。

　規範的市場メカニズムは，消費者が適切な選択を通じて市場経済システ
ムを自ら主体的に制御し，市場における課題を解決していこうとの考え方
に立つものである。とりわけ，サステイナビリティの実現のためには，
人々が市場において社会的価値を共有することが求められる。規範的市場

1　「人間の顔をした社会主義」の経済システムの観点から考察は，チェコの経済学者でドブ
　チェク政権の副首相であったオタ・シク（1991）参照。

メカニズムによって，社会的価値実現の方向性が具体的に示されれば，消費者の適切な選択が実現する可能性が高まる。規範的市場メカニズムを通じた消費者への情報提供やナッジは，消費者の判断の際の参考となるものだが，他方において，市場における消費者の自己決定権が尊重されなければならないことは言うまでもない。

　本書では，サステイナビリティを3つのサブ経済システムの間の調和のプロセスとして定義したが，市場経済において規範的市場メカニズムを通じて消費者の適切な選択が行われれば，市場経済と生存の経済や自然の経済との調和も実現可能なものとなると考えている。

　"人間の顔をした市場経済"の実現は，道半ばである。われわれは，まだ，歩みを止めることはできないのではなかろうか。

索　引

A〜Z

Benefit Corporation・・・・・・・・・・・・・・・・・・101
Consumer Citizenship・・・・・・・・・・・・・・・・・23
consumer sovereignty・・・・・・・・・・・・・・・・47
COP21・・・・・・・・・・・・・・・・・・・・・・・・・・・・・・・・・55
CSR；Corporate Social Responsibility
・・・・・・・・・・・・・・・・・・・・・・・・・・・・・・・・・・・・・・・81
CSR 認証制度・・・・・・・・・・・・・・・・・・・・・・・・・102
CSV・・・・・・・・・・・・・・・・・・・・・・・・・・・・・・・・・・・・83
Economics of Consumption・・・・・・・・・・48
Efficiency・・・・・・・・・・・・・・・・・・・・・・・・・・・・・78
Equity・・・・・・・・・・・・・・・・・・・・・・・・・・・・・・・・78
ESG 投資・・・・・・・・・・・・・・・・・・・・・・・・・・・・・91
GDPR・・・・・・・・・・・・・・・・・・・・・・・・・・・・・・・・・65
Information Asymmetry・・・・・・・・・・・・・・61
ISO26000・・・・・・・・・・・・・・・・・・・・・・・・・・・・・90
L3C・・・・・・・・・・・・・・・・・・・・・・・・・・・・・・・・・・・100
Law and Economics・・・・・・・・・・・・・・・・・・79
Nudge・・・・・・・・・・・・・・・・・・・・・・・・・・・・・・・166
PIO-NET・・・・・・・・・・・・・・・・・・・・・・・・・・・・・151
PRI・・・・・・・・・・・・・・・・・・・・・・・・・・・・・・・・・・・91
SDGs・・・・・・・・・・・・・・・・・・・・・・・・・・・・・・・・・34
Social Purpose Corporation・・・・・・・・・・102
SRI・・・・・・・・・・・・・・・・・・・・・・・・・・・・・・・・・・・91
sympathy・・・・・・・・・・・・・・・・・・・・・・・・・・・・・15
transaction cost・・・・・・・・・・・・・・・・・・・・・・73
UN Global Compact・・・・・・・・・・・・・・・・・・89

あ　行

アダム・スミス・・・・・・・・・・・・・・・・・・・・・・・・15
アマルティア・セン・・・・・・・・・・・・・・・・・・・17
アンカリング効果・・・・・・・・・・・・・・・・・・・113
依存効果・・・・・・・・・・・・・・・・・・・・・・・・・・・・・・47
エイモス・トヴェルスキー・・・・・・・・・・・114

エシカル（倫理的）消費・・・・・・・・・・・・・・134
エティエンヌ・ウェンガー・・・・・・・・・・・173
オリバー・ウイリアムソン・・・・・・・・・・・・73
オンライン（デジタル）プラットフォー
マー・・・・・・・・・・・・・・・・・・・・・・・・・・・・75, 130

か　行

外部性・・・・・・・・・・・・・・・・・・・・・・・・・・・・・・・・66
確率荷重関数・・・・・・・・・・・・・・・・・・・・・・・・116
価値関数・・・・・・・・・・・・・・・・・・・・・・・・・・・・・115
価値共創・・・・・・・・・・・・・・・・・・・・・・・・・・・・・133
ガバナンス・・・・・・・・・・・・・・・・・・・・・・・・・・170
感応度逓減性・・・・・・・・・・・・・・・・・・・・・・・・115
企業行動憲章・・・・・・・・・・・・・・・・・・・・・・・・・56
企業の社会的責任・・・・・・・・・・・・・・・・・・・・81
気候変動枠組条約締結国会議・・・・・・・・・・55
規範的市場メカニズム・・・・・・・・・・・・・・・145
逆選択・・・・・・・・・・・・・・・・・・・・・・・・・・・・・・・・63
キャス・サンスティーン・・・・・・・・・・・・・166
共感・・・・・・・・・・・・・・・・・・・・・・・・・・・・・・15, 20
行政指導・・・・・・・・・・・・・・・・・・・・・・・・・・・・・163
行政処分・・・・・・・・・・・・・・・・・・・・・・・・・・・・・163
共通価値の創造・・・・・・・・・・・・・・・・・・・・・・83
経済人・・・・・・・・・・・・・・・・・・・・・・・・・・・・・・・・17
経済表・・・・・・・・・・・・・・・・・・・・・・・・・・・・・・・・41
現状維持バイアス・・・・・・・・・・・・・・・・・・・117
限定合理性・・・・・・・・・・・・・・・・・・・・・・・・・・・65
厚生経済学の基本定理・・・・・・・・・・・・・・・・17
衡平・・・・・・・・・・・・・・・・・・・・・・・・・・・・・・・・・・78
効率性・・・・・・・・・・・・・・・・・・・・・・・・・・・・・・・・78
合理的な愚か者・・・・・・・・・・・・・・・・・・・・・・18
コースの定理・・・・・・・・・・・・・・・・・・・・・・・・・76
コーポレートガバナンス・コード・・・・・・91
国富論・・・・・・・・・・・・・・・・・・・・・・・・・・・・・・・・15

国連「グローバル・コンパクト」……89
国連責任投資原則………………91
コミットメント…………………20
コミュニティ利益会社……………99

さ　行

サステイナビリティ……………29
サンクコストの呪縛（コンコルドの誤
　謬）……………………………109
サンクコスト（埋没費用）…………109
3分の1ルール…………………137
シェアリング・エコノミー…………52
シグナリング……………………63
自己利益の追求…………………15
市場経済…………………………30
市場の質…………………………144
市場のルール……………………148
自信過剰…………………………113
自然の経済………………………30
持続可能な開発目標………………34
実践コミュニティ…………………173
社会的協同組合制度………………99
社会的責任投資…………………91
重大製品事故報告・公表制度………165
消費経済課………………………158
消費経済学………………………48
消費者委員会……………………153
消費者基本法……………………164
消費者契約法……………………163
消費者市民社会…………………23
消費者主権………………………47
消費者団体訴訟制度………………154
消費者庁…………………………151
消費者の権利……………………47
消費者保護基本法…………………158
消費生活アドバイザー……………162
消費生活条例……………………162

消費生活センター……………152, 158
情報の非対称性…………………61
食品安全基本法…………………165
食品ロス……………………4, 137
ジョージ・アカロフ………………58
ジョン・ケネス・ガルブレイス………47
ジーン・レイヴ…………………173
自律的市場メカニズム……………145
スチュアート・ハート……………30
スチュワードシップ・コード………91
スローショッピング………………125
スローレジ………………………125
脆弱な消費者……………53, 122
製造物責任法……………………163
生存の経済………………………30
赤道原則…………………………91
双曲的割引………………………118
相対的貧困率……………………37
ソフトロー………………………86
損失回避性………………………116

た　行

代表性ヒューリスティックス………112
ダニエル・カーネマン……………114
長期使用製品安全点検制度…………165
超高齢社会………………………52
適格消費者団体…………………154
デフォルト（初期設定，初期値）……121
道徳感情論………………………15
特定商取引法……………………160
特定適格消費者団体………………154
取引コスト………………………73

な　行

ナッジ……………………………166
人間の顔をした社会主義……………177
認知的不協和……………………113

ネット社会……………………50

は　行

ハードロー……………………86
バーナード・マンデヴィル……………15
蜂の寓話……………………15
パリ協定……………………55
パレート効率的……………………17
ヒューリスティックス……………110
フィリップ・コトラー……………133
フードロス……………………4
フランソワ・ケネー……………41
不利な条件に置かれた消費者………123
フレーミング効果……………109
プロスペクト理論……………114
豊作貧乏……………………11
法と経済学……………………79
ホモ・エコノミクス……………17

ま　行

マイケル・ポーター……………82
マーケット・ガバナンス・メカニズム
　……………………145
マーケティング3.0……………133
マーケティング4.0……………133
見守りネットワーク……………125
ミルトン・フリードマン……………81

や　行

豊かな社会……………………47

ら　行

リチャード・セイラー……………166
リバタリアン・パターナリズム……169
利用可能性ヒューリスティックス…111
レモン……………………63
ロナルド・コース……………73
ロバート・シラー……………58

●著者紹介

樋口　一清（ひぐち　かずきよ）

信州大学名誉教授，法政大学客員教授，内閣府消費者委員会委員

1950年東京生まれ。東京大学経済学部経済学科および同経営学科卒業。通商産業省消費経済課長，経済産業省九州経済産業局長，信州大学経済学部教授，同経営大学院教授，法政大学大学院教授などを歴任。明治大学大学院および中央大学法学部講師。
日本消費者政策学会会長。
消費者スマイル基金副理事長。

消費経済学入門
■サステイナブルな社会への選択

2019年 6 月10日　第 1 版第 1 刷発行 2020年 2 月25日　第 1 版第 2 刷発行	著　者　樋　口　一　清 発行者　山　本　　　継 発行所　㈱中央経済社 発売元　㈱中央経済グループ 　　　　パブリッシング

〒101-0051　東京都千代田区神田神保町1-31-2
電　話　03 (3293) 3371(編集代表)
　　　　03 (3293) 3381(営業代表)
http://www.chuokeizai.co.jp/
印刷／東光整版印刷㈱
製本／侑井上製本所

©2019
Printed in Japan

＊頁の「欠落」や「順序違い」などがありましたらお取り替えいたしますので発売元までご送付ください。（送料小社負担）

ISBN978-4-502-30751-5　C3033

JCOPY〈出版者著作権管理機構委託出版物〉本書を無断で複写複製（コピー）することは，著作権法上の例外を除き，禁じられています。本書をコピーされる場合は事前に出版者著作権管理機構（JCOPY）の許諾を受けてください。
　JCOPY〈http://www.jcopy.or.jp　e メール：info@jcopy.or.jp〉